同济博士论丛
TONGJI Dissertation Series
总主编 伍 江 副总主编 雷星晖

陈伟忠 审 罗素梅 著

外汇储备资产优化配置研究

A Study on Assets Optimlzed Allocation of Foreign Exchange Rerserve

同济大学出版社
TONGJI UNIVERSITY PRESS

内 容 提 要

近年中国外汇储备快速增长。充足的外汇储备在抵御金融风险、危机等方面发挥了积极的作用，但过多的外汇储备也面临贬值等风险。本书对保证外汇储备基本需求的同时，如何充分发挥外汇储备的特殊作用进行了科学的论述。

本书适合金融外汇相关人士阅读参考。

图书在版编目(CIP)数据

外汇储备资产优化配置研究 / 罗素梅著. —上海：同济大学出版社，2018.9

(同济博士论丛 / 伍江总主编)

ISBN 978-7-5608-6899-8

Ⅰ. ①外… Ⅱ. ①罗… Ⅲ. ①外汇储备—研究—中国 Ⅳ. ①F822.2

中国版本图书馆 CIP 数据核字(2017)第 085655 号

外汇储备资产优化配置研究

陈伟忠 审 罗素梅 著

出 品 人 华春荣 责任编辑 辜 翔 蒋卓文

责任校对 徐春莲 封面设计 陈益平

出版发行 同济大学出版社 www.tongjipress.com.cn

(地址：上海市四平路 1239 号 邮编：200092 电话：021-65985622)

经 销 全国各地新华书店

排版制作 南京展望文化发展有限公司

印 刷 浙江广育爱多印务有限公司

开 本 787 mm×1092 mm 1/16

印 张 14

字 数 280 000

版 次 2018 年 9 月第 1 版 2018 年 9 月第 1 次印刷

书 号 ISBN 978-7-5608-6899-8

定 价 67.00 元

“同济博士论丛”编辑委员会

袁万城　莫天伟　夏四清　顾　明　顾祥林　钱梦騄
徐　政　徐　鉴　徐立鸿　徐亚伟　凌建明　高乃云
郭忠印　唐子来　阎耀保　黄一如　黄宏伟　黄茂松
戚正武　彭正龙　葛耀君　董德存　蒋昌俊　韩传峰
童小华　曾国荪　楼梦麟　路秉杰　蔡永洁　蔡克峰
薛　雷　霍佳震

秘书组成员：谢永生　赵泽毓　熊磊丽　胡晗欣　卢元姗　蒋卓文

总　序

在同济大学110周年华诞之际，喜闻“同济博士论丛”将正式出版发行，倍感欣慰。记得在100周年校庆时，我曾以《百年同济，大学对社会的承诺》为题作了演讲，如今看到付梓的“同济博士论丛”，我想这就是大学对社会承诺的一种体现。这110部学术著作不仅包含了同济大学近10年100多位优秀博士研究生的学术科研成果，也展现了同济大学围绕国家战略开展学科建设、发展自我特色，向建设世界一流大学的目标迈出的坚实步伐。

坐落于东海之滨的同济大学，历经110年历史风云，承古续今、汇聚东西，秉持“与祖国同行、以科教济世”的理念，发扬自强不息、追求卓越的精神，在复兴中华的征程中同舟共济、砥砺前行，谱写了一幅幅辉煌壮美的篇章。创校至今，同济大学培养了数十万工作在祖国各条战线上的人才，包括人们常提到的贝时璋、李国豪、裘法祖、吴孟超等一批著名教授。正是这些专家学者培养了一代又一代的博士研究生，薪火相传，将同济大学的科学研究和学科建设一步步推向高峰。

大学有其社会责任，她的社会责任就是融入国家的创新体系之中，成为国家创新战略的实践者。党的十八大以来，以习近平同志为核心的党中央高度重视科技创新，对实施创新驱动发展战略作出一系列重大决策部署。党的十八届五中全会把创新发展作为五大发展理念之首，强调创新是引领发展的第一动力，要求充分发挥科技创新在全面创新中的引领作用。要把创新驱动发展作为国家的优先战略，以科技创新为核心带动全面创新，以体制机制改革激发创新活力，以高效率的创新体系支撑高水平的创新型国家建设。作为人才培养和科技创新的重要平台，大学是国家创新体系的重要组成部分。同济大学理当围绕国家战略目标的实现，作出更大的贡献。

大学的根本任务是培养人才，同济大学走出了一条特色鲜明的道路。无论是本科教育、研究生教育，还是这些年摸索总结出的导师制、人才培养特区，“卓越人才培养”的做法取得了很好的成绩。聚焦创新驱动转型发展战略，同济大学推进科研管理体系改革和重大科研基地平台建设。以贯穿人才培养全过程的一流创新创业教育助力创新驱动发展战略，实现创新创业教育的全覆盖，培养具有一流创新力、组织力和行动力的卓越人才。“同济博士论丛”的出版不仅是对同济大学人才培养成果的集中展示，更将进一步推动同济大学围绕国家战略开展学科建设、发展自我特色、明确大学定位、培养创新人才。

面对新形势、新任务、新挑战，我们必须增强忧患意识，扎根中国大地，朝着建设世界一流大学的目标，深化改革，勠力前行！

万　钢

2017 年 5 月

论丛前言

承古续今，汇聚东西，百年同济秉持“与祖国同行、以科教济世”的理念，注重人才培养、科学研究、社会服务、文化传承创新和国际合作交流，自强不息，追求卓越。特别是近20年来，同济大学坚持把论文写在祖国的大地上，各学科都培养了一大批博士优秀人才，发表了数以千计的学术研究论文。这些论文不但反映了同济大学培养人才能力和学术研究的水平，而且也促进了学科的发展和国家的建设。多年来，我一直希望能有机会将我们同济大学的优秀博士论文集中整理，分类出版，让更多的读者获得分享。值此同济大学110周年校庆之际，在学校的支持下，“同济博士论丛”得以顺利出版。

“同济博士论丛”的出版组织工作启动于2016年9月，计划在同济大学110周年校庆之际出版110部同济大学的优秀博士论文。我们在数千篇博士论文中，聚焦于2005—2016年十多年间的优秀博士学位论文430余篇，经各院系征询，导师和博士积极响应并同意，遴选出近170篇，涵盖了同济的大部分学科：土木工程、城乡规划学（含建筑、风景园林）、海洋科学、交通运输工程、车辆工程、环境科学与工程、数学、材料工程、测绘科学与工程、机械工程、计算机科学与技术、医学、工程管理、哲学等。作为“同济博士论丛”出版工程的开端，在校庆之际首批集中出版110余部，其余也将陆续出版。

博士学位论文是反映博士研究生培养质量的重要方面。同济大学一直将立德树人作为根本任务，把培养高素质人才摆在首位，认真探索全面提高博士研究生质量的有效途径和机制。因此，“同济博士论丛”的出版集中展示同济大学博士研究生培养与科研成果,体现对同济大学学术文化的传承。

“同济博士论丛”作为重要的科研文献资源,系统、全面、具体地反映了同济大学各学科专业前沿领域的科研成果和发展状况。它的出版是扩大传播同济科研成果和学术影响力的重要途径。博士论文的研究对象中不少是“国家自然科学基金”等科研基金资助的项目,具有明确的创新性和学术性,具有极高的学术价值,对我国的经济、文化、社会发展具有一定的理论和实践指导意义。

“同济博士论丛”的出版,将会调动同济广大科研人员的积极性,促进多学科学术交流、加速人才的发掘和人才的成长,有助于提高同济在国内外的竞争力,为实现同济大学扎根中国大地,建设世界一流大学的目标愿景做好基础性工作。

虽然同济已经发展成为一所特色鲜明、具有国际影响力的综合性、研究型大学,但与世界一流大学之间仍然存在着一定差距。“同济博士论丛”所反映的学术水平需要不断提高,同时在很短的时间内编辑出版110余部著作,必然存在一些不足之处,恳请广大学者,特别是有关专家提出批评,为提高同济人才培养质量和同济的学科建设提供宝贵意见。

最后感谢研究生院、出版社以及各院系的协作与支持。希望“同济博士论丛”能持续出版,并借助新媒体以电子书、知识库等多种方式呈现,以期成为展现同济学术成果、服务社会的一个可持续的出版品牌。为继续扎根中国大地,培育卓越英才,建设世界一流大学服务。

伍　江

2017年5月

前　言

近年来，随着中国外汇储备的快速增长，外汇储备的管理问题已经引起了政府和学界的广泛关注。毫无疑问，充足的外汇储备在抵御金融危机冲击，防范金融风险和保障金融安全，稳定本币汇率及提高我国国际信誉等方面发挥了积极的作用。但外汇储备并非多多益善，由于我国外汇储备绝大多数是以外国政府债券的形式持有，持有此类债券不仅收益率较低，还要面临发行国货币贬值的风险，从而使其难逃“双缩水”的困境。同时，过多的外汇储备迫使中央银行被动地投放基础货币，从而导致外汇占款大量增加，加大了国内通货膨胀压力。可见，过多的外汇储备不仅会增加持有成本，还会影响经济的内外均衡，甚至威胁我国经济金融的安全。因此，如何在保证外汇储备基本需求的同时，充分发挥外汇储备的特殊作用，对其进行系统的管理，真正实现保值增值的目标，是当前我国迫在眉睫的重要问题。

本书以全球金融危机和我国持有巨额外汇储备并且面临较大风险为背景，以一国对外汇储备的多层次需求为视角，通过确定外汇储备的最优规模，建立外汇储备资产优化配置的目标和策略体系，以及对外汇储备资产进行多层次动态优化配置，以达到降低外汇储备的风险和增加收益，并最终实现外汇储备资产保值增值的目标。

首先，将外汇储备视为一国的特殊金融资产，在充分考虑外汇储备功能及特殊性的基础上，尝试性地将马斯洛需求层次理论引入外汇储备需求的分析，并根据一国对外汇储备的需求程度将其划分为不同的需求层次，构建了基于多层次替代效应的外汇储备最优规模的动态决定模型，进而模拟出我国的最优外汇储备规模和适度区间，并在此基础上测算出外汇储备适度规模和超额规模。研究结果表明，目前，我国存在大量的超额外汇储备，当务之急是寻求创新的储备资产投资管理模式。

其次，以外汇储备资产多层次需求和功能演变为视角，提出了基于金融安全和国家利益的外汇储备资产优化配置目标和原则。并认为各种目标之间、原则之间是一种相对独立、相互制约、相互补充、相辅相成的关系，并且各种目标和原则并非是一成不变的，随着外汇储备需求层次的变化和功能的演化，各种目标和原则也会随之改变。同时，在制定外汇储备资产优化配置总体策略的基础上，根据适度外汇储备和超额外汇储备的不同功能和管理目标，分别制定各层次资产的优化配置策略，从而构建多层次、多目标的外汇储备资产优化配置策略体系。

再次，通过建立基于多层次需求的适度外汇储备币种结构优化的AHP模型，测算出适度外汇储备的最优币种权重。在币种结构确定的基础上再建立改进的资产结构优化AHP模型，并最终计算出适度储备的资产权重，从而实现了币种结构和资产结构优化的有机结合。同时，根据已经测度出的适度外汇储备最优规模历年数据，计算出近五年最优币种结构下的具体资产规模与最优资产结构下各币种的具体持有数量，实现真正意义上的适度外汇储备资产优化配置。结果表明：美元在适度储备币种权重中的领导地位还难以撼动，货币性存款在资产组合权重中也具有明显优势。并认为在适度储备资产优化配置中，不宜将币种盲目多样化，而且应选择流动性强、安全性高的金融资产。

最后，进一步将超额外汇储备划分为不同的需求层次，构建基于CRRA效用函数的期末财富期望效用最大化和VaR最小化的超额外汇储备资产优化配置双目标模型。同时，尝试性地引入多目标优化的NSGA-Ⅱ遗传算法，结合多国金融市场的实际数据计算和设定目标模型的相关参数，并运用Matlab软件对目标模型进行求解，从而得到超额外汇储备资产组合的Pareto最优解集，并求出最优的超额外汇储备资产组合权重。引入本书已经测度出的我国近五年超额外汇储备规模数据，计算出最优资产组合下的具体投资数量，得到历年我国超额外汇储备的最优投资组合。并认为我国超额外汇储备应该减少债权资产权重，增加海外股权投资，通过支持国内企业对外直接投资，促进我国经济结构调整和产业升级。

在总结全文研究的基础上得出本书的主要结论，进而提出相关的政策建议。同时，指出了本书的不足，并对进一步研究作出展望。

本书作者罗素梅，系上海财经大学金融学院教师。2013年获同济大学管理学博士学位，2015年上海财经大学金融学博士后出站。研究方向为国际金融、金融风险管理。近年来在《金融研究》《数量经济技术经济研究》和《国际金融研究》等重要学术期刊上发表论文30多篇。主持和参与国家级、省部级课题10多项。目前正在主持国家自然科学基金面上项目“外汇储备资产的多目标优化及动态投资组合研究”。

目 录

总序

论丛前言

前言

第 1 章 绪论 ······ 1

1.1 研究背景与问题的提出 ······ 1

1.2 研究目的与意义 ······ 2

1.2.1 研究目的 ······ 2

1.2.2 理论意义和实际应用价值 ······ 2

1.3 研究思路及技术线路 ······ 4

1.3.1 研究思路 ······ 4

1.3.2 技术线路 ······ 4

1.4 研究内容与框架 ······ 6

1.4.1 外汇储备最优规模的多层次动态决定 ······ 6

1.4.2 外汇储备资产多层次优化配置的目标、原则和策略 ······ 6

1.4.3 适度外汇储备资产的多层次优化配置 ······ 7

1.4.4 超额外汇储备资产的多层次优化配置 ······ 7

1.5 研究方法 …… 8
1.6 主要创新点 …… 9
1.6.1 构建基于多层次替代效应的外汇储备决定理论分析框架 …… 9
1.6.2 提出稳健管理和积极管理有机结合的外汇储备资产管理模式 …… 10
1.6.3 从理论上实现了外汇储备资产的多层次动态优化配置 …… 10
1.6.4 跨学科研究方法的新应用 …… 11

第2章 文献述评 …… 12
2.1 外汇储备适度规模的研究 …… 12
2.1.1 适度规模度量理论的回顾 …… 12
2.1.2 最新研究进展 …… 18
2.1.3 简要评价 …… 20
2.2 外汇储备资产配置的研究 …… 22
2.2.1 外汇储备币种结构研究 …… 22
2.2.2 外汇储备资产结构研究 …… 24
2.3 外汇储备风险管理的研究 …… 26
2.3.1 外汇储备的风险管理框架 …… 26
2.3.2 外汇储备风险测度的理论与方法 …… 27
2.4 对已有研究的评价 …… 29
2.5 本章总结 …… 30

第3章 外汇储备最优规模的多层次动态决定 …… 33
3.1 引言 …… 33
3.2 理论模型 …… 36

3.2.1 基于多层次的外汇储备需求 …… 36
3.2.2 外汇储备的替代效应及动态演进 …… 38
3.2.3 外汇储备最优规模与适度区间的界定 …… 46
3.3 数据与变量 …… 47
3.3.1 数据说明 …… 47
3.3.2 指标选择与定义 …… 47
3.4 实证分析 …… 52
3.4.1 检验方法及计量模型 …… 52
3.4.2 检验过程 …… 53
3.4.3 各变量与外汇储备规模之间的长期均衡关系 …… 57
3.5 外汇储备规模的测度及分析 …… 58
3.5.1 各层次外汇储备需求的分析 …… 59
3.5.2 外汇储备的最优规模、理论规模与适度规模分析 …… 61
3.6 本章总结 …… 62

第 4 章 外汇储备资产配置的目标、原则及策略 …… 65
4.1 外汇储备资产优化配置的目标和原则——功能演变的视角 …… 65
4.1.1 外汇储备的多层次需求及功能演变 …… 67
4.1.2 外汇储备资产优化配置的目标和原则 …… 70
4.2 外汇储备的多层次动态优化配置策略 …… 76
4.2.1 外汇储备资产的总体优化配置策略 …… 78
4.2.2 适度外汇储备资产的优化配置策略 …… 81
4.2.3 超额外汇储备资产的优化配置策略 …… 83
4.3 本章总结 …… 88

第 5 章　适度外汇储备资产的多层次优化配置…………………… 91
5.1　概述……………………………………………………………… 91
5.2　适度外汇储备的币种结构优化………………………………… 96
5.2.1　AHP 模型及其在外汇储备结构管理中的适应性
………………………………………………………………… 96
5.2.2　币种结构优化的 AHP 模型构建 ………………………… 97
5.2.3　各层次成对比较矩阵的构造及检验……………………… 102
5.3　适度外汇储备的资产结构优化 ……………………………… 117
5.3.1　构建资产结构优化的 AHP 模型 ………………………… 118
5.3.2　AHP 模型求解 …………………………………………… 121
5.4　结果分析 ……………………………………………………… 128
5.4.1　币种结构与资产结构的相互关系分析…………………… 128
5.4.2　适度储备资产优化配置的结果分析……………………… 129
5.5　本章总结 ……………………………………………………… 131

第 6 章　超额外汇储备资产的多层次优化配置 ………………… 134
6.1　概述 …………………………………………………………… 134
6.2　超额外汇储备的多层次需求及资产选择 …………………… 137
6.2.1　超额外汇储备的多层次需求……………………………… 137
6.2.2　超额外汇储备的资产选择………………………………… 139
6.3　理论模型 ……………………………………………………… 142
6.3.1　基于 CRRA 期末财富期望效用最大化的资产
优化配置模型……………………………………………… 142
6.3.2　基于 VaR 最小化的资产优化配置模型 ………………… 148
6.4　方法与数据 …………………………………………………… 152
6.4.1　多目标优化问题的数学描述……………………………… 153
6.4.2　多目标优化遗传算法 NSGA 简介 ……………………… 155

6.4.3 参数设定 …… 158
6.5 模型求解及结果分析 …… 165
6.5.1 模型求解 …… 165
6.5.2 结果分析 …… 170
6.6 本章总结 …… 178

第 7 章 结论及政策建议 …… 181
7.1 结论 …… 181
7.2 政策建议 …… 185
7.3 研究的不足及展望 …… 187
7.3.1 研究的不足 …… 187
7.3.2 研究展望 …… 188

参考文献 …… 190

后记 …… 202

第1章 绪 论

1.1 研究背景与问题的提出

近年来，随着金融危机发生的频率越来越高及传染性逐步增强，外汇储备在抵御金融危机的冲击，防范金融风险，保障金融安全等方面的作用日益突出，已被世界各国充分认识。根据中国人民银行发布的最新数据显示，截至2012年12月，中国外汇储备余额达3.31万亿美元，居世界各国之首。毫无疑问，充足的外汇储备在调节国际收支平衡，抵御金融风险，稳定汇率及提高我国国际信誉等方面发挥了积极的作用。但外汇储备并非多多益善，相反，持有外汇储备是有机会成本或是要付出代价的。由于我国外汇储备绝大多数以外国政府债券的形式持有，而持有此类债券不仅收益率较低，而且会因发行国货币的贬值而导致外汇储备资产的贬值，使我国的外汇储备面临较高的风险和机会成本，从而使其处于"双缩水"的境地。此外，在我国现行的结、售汇制度和外汇储备管理体制下，大量的外汇储备迫使中央银行被动投放基础货币而增加货币供给，从而加大了通货膨胀压力和中央银行实施货币政策的难度。可见，过多的外汇储备不仅会增加持有成本，而且会使我国的经济面临宏观风险和微观风险，甚至威胁我国经济金融的安全。特别是在国际金融危机愈演愈烈，人民币对外升值和对内贬值的情况下更是如此。因此，在我国持有巨额外汇储备并且面临较高风险的背景下，合理确定外汇储备最优规模，并在此基础上对外汇储备资产进行多层次优化配置，从而实现其保值增值目标的重要性是不言而喻的。

1.2 研究目的与意义

1.2.1 研究目的

在金融全球化和中国持有巨额外汇储备的背景下，试图探寻对外汇储备实行更加科学管理的理论和方法，从而实现外汇储备保值增值的目标，是本书研究的主要目的。在此目标的指引下，首先，本书将通过对外汇储备需求层次的划分，揭示外汇储备的多层次替代效应，构建外汇储备最优规模的测度模型和理论分析框架，并测度出我国外汇储备的动态适度规模和超额规模；其次，根据外汇储备的多层次管理思想，提出我国外汇储备资产多层次优化配置的总体目标、原则和策略，以及各层次外汇储备资产配置的具体目标、原则和策略，从而形成多层次的目标、原则和策略体系；再次，在外汇储备资产配置的目标、原则和策略的指导下，根据不同层次外汇储备的特性和功能演变特征，对各层次外汇储备资产进行动态优化配置，并求解出适度外汇储备资产和超额外汇储备资产两大组合模块下的各种资产组合；最后，在上述研究的基础上，为我国外汇储备的管理提供相关的对策建议。

1.2.2 理论意义和实际应用价值

长期以来，理论界对外汇储备相关问题进行了广泛深入地研究，并取得了一些有价值的成果，令人遗憾的是，对如何科学合理地测算外汇储备的最优规模，外汇储备管理应遵循怎样的目标、原则和策略，如何对外汇储备资产进行多层次优化配置和投资组合以实现风险最小或收益最大，如何发挥外汇储备在维护金融安全中的特殊作用，在对外汇储备的积极管理中如何实现国家财富的效用最大化，这一系列问题对理论界来说可谓众说纷纭、莫衷一是，许多问题仍是外汇储备管理中悬而未决且不可回避的难题。

科学合理确定外汇储备最优规模是外汇储备管理的前提和基础，建立多层次的管理原则、目标和策略体系是外汇储备投资管理的指导方针，对外汇储备资产进行多层次动态优化配置是外汇储备管理的重要手段，提出可操作性和针对性较强的对策建议是外汇储备管理的有力保障，而实现外汇储备的保值增值是外汇储备管理的最终目标。可见，外汇储备最优规模的确定、资产优化配置目标、原则和策略体系的构建及外汇储备资产的多层次动态优化配置是一个密不可分的系统。我们只有重视这一系统中的每一项，才能对外汇储备进行有效的管理。因此，对外汇储备管理的研究是不能回避的、迫在眉睫的重要问题。特别是，对于持有巨额外汇储备的我国来说，如何科学合理地测算外汇储备最优规模，对外汇储备不同规模的资产进行多层次动态优化配置，并在此基础上提出外汇储备管理的对策，使外汇储备在满足最基本需求的同时达到持有成本的最小化和收益的最大化。这不仅有利于充分发挥外汇储备维护金融安全的特殊作用，而且也可降低外汇储备的持有风险，并实现其保值增值的目标和国家利益的最大化。所以，对此问题的研究具有十分重要的理论和现实意义。

1.3 研究思路及技术线路

1.3.1 研究思路

本书以中国持有巨额外汇储备，以及在国际金融危机下储备资产面临不断贬值的风险为背景，以提出问题、分析问题及解决问题为线索，以宏观金融问题寻找微观金融基础，在宏观金融理论和微观金融工具及方法相结合分析问题的基础上，为宏观金融决策提供支持。具体是以外汇储备供给需求理论、现代资产投资组合理论、金融资产风险管理理论及相关文献为研究基础，以外汇储备的经营管理目标和原则为指导，在充分考虑外汇储备的功能及特殊性的基础上对外汇储备资产进行多层次管理。首先，将外汇储备划分为不同的需求层次，从而构建基于多层次需求的外汇储备理论分析框架，并测度出我国外汇储备的最优规模和超额规模；其次，根据外汇储备作为国家资产、主权资产的特殊性及其功能演变特征，提出外汇储备资产优化配置的总体目标、原则和策略，在此基础上进一步制定各层次外汇储备资产配置的具体目标、原则和策略，从而形成多层次的外汇储备资产投资管理目标、原则和策略体系，为外汇储备资产的多层次优化配置提供指导；再次，根据不同层次外汇储备资产所发挥的功能和相应的资产配置策略进行各层次资产组合优化，从而实现外汇储备资产的多层次优化配置；最后，提出我国外汇储备规模管理及多层次资产优化配置的相关政策建议。

1.3.2 技术线路

具体的技术线路如图 1－1 所示。

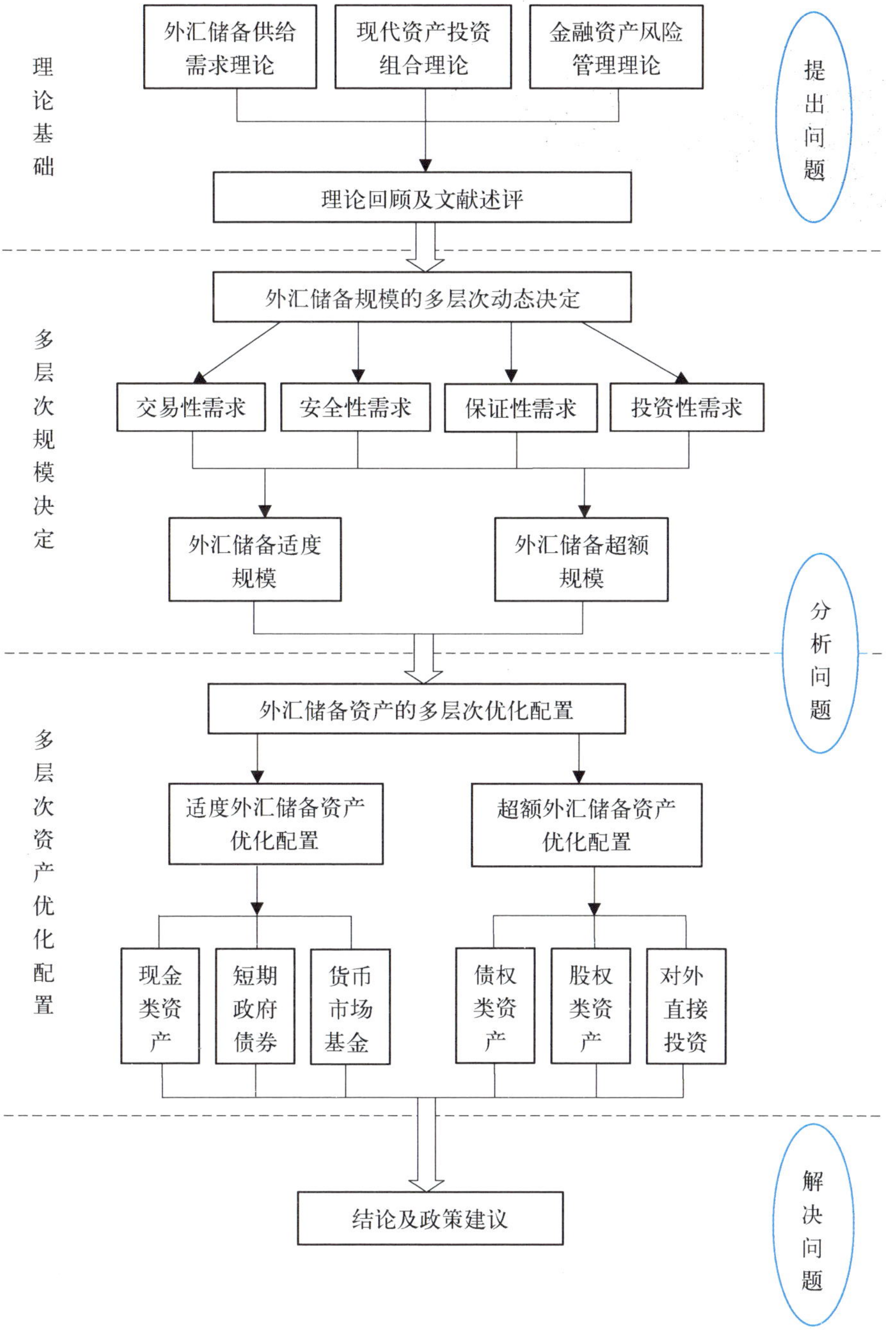
理论基础
外汇储备供给需求理论
现代资产投资组合理论
金融资产风险管理理论
提出问题
理论回顾及文献述评
多层次规模决定
外汇储备规模的多层次动态决定
交易性需求
安全性需求
保证性需求
投资性需求
外汇储备适度规模
外汇储备超额规模
分析问题
多层次资产优化配置
外汇储备资产的多层次优化配置
适度外汇储备资产优化配置
超额外汇储备资产优化配置
现金类资产
短期政府债券
货币市场基金
债权类资产
股权类资产
对外直接投资
结论及政策建议
解决问题

图 1－1　技术线路图

1.4 研究内容与框架

本书共分七章：第 1 章绪论；第 2 章文献述评；第 3 章外汇储备最优规模的多层次动态决定；第 4 章外汇储备资产配置的目标、原则和策略；第 5 章适度外汇储备资产的多层次优化配置；第 6 章超额外汇储备资产的多层次优化配置；第 7 章结论及政策建议。现将核心的研究内容介绍如下。

1.4.1 外汇储备最优规模的多层次动态决定

首先，将马斯洛需求层次理论引入外汇储备的需求分析，并将外汇储备划分为基本交易需求、安全保障需求、信用保证需求及投机盈利需求等不同层次；其次，分析各需求层次之间的替代效应，替代效应的存在可将外汇储备划分为静态规模和动态规模，并将静态规模和动态规模分别作为外汇储备需求的上限和下限，进而得出外汇储备规模的适度区间，从而构建基于多层次替代效应的外汇储备最优规模决定的理论框架；再次，为了检验理论模型的合理性，本书选取我国外汇储备相关的数据和指标进行实证分析；最后，对我国的最优外汇储备规模进行动态模拟和测度，从而得出我国最优的外汇储备规模和适度区间，为外汇储备资产的优化配置打下了基础。

1.4.2 外汇储备资产多层次优化配置的目标、原则和策略

在对外汇储备适度规模和超额规模的功能和特征进行比较的基础上，通过深入分析外汇储备的多层次需求及功能演变特征，提出外汇储备多层次优化配置的总体目标和指导原则，并在总体目标和原则的指导

下，进一步制订适度规模和超额规模的具体管理目标和相应的管理原则。同时，根据外汇储备的总体管理目标和原则制订外汇储备资产多层次优化配置的总体策略，再根据各层次储备资产的具体投资管理目标和原则分别制订相应的资产优化配置策略，从而形成外汇储备资产优化配置的策略体系。因此，本书完整地构建了我国外汇储备资产多层次优化配置的目标、原则和策略体系，可为外汇储备资产的多层次优化配置提供指导建议。

1.4.3 适度外汇储备资产的多层次优化配置

本部分以外汇储备的多层次需求为前提，在充分考虑适度外汇储备满足一国“刚性”需求的特殊性及其该部分资产配置应以安全性、流动性为主要原则的基础上，将多层次、系统的管理思想融入适度外汇储备资产的多层次优化配置中。首先，尝试性地将层次分析法（AHP）引入适度外汇储备最优币种选择及资产优化配置的理论分析框架，通过建立基于多层次需求的我国适度外汇储备币种结构优化的 AHP 模型，同时结合实际数据测算出我国适度外汇储备的最优币种权重。其次，在币种权重确定的基础上再建立改进和拓展的资产结构优化 AHP 模型，并选取国内外大量现实数据，求解出适度储备的资产权重，从而实现了在适度储备资产优化配置中币种结构和资产结构的真正结合。再次，引入本书已经测度出的近五年适度外汇储备规模数据，进一步测算出历年我国适度外汇储备最优币种结构下各资产的具体规模，以及最优资产结构下各币种的具体持有数量。最后，提出针对性和可操作性较强的对策建议。

1.4.4 超额外汇储备资产的多层次优化配置

在我国持有巨额外汇储备并面临不断贬值风险的背景下，如何对超额外汇储备资产进行投资管理，并实现其收益最大化是本书研究的重点之一。为此，本书首先在对外汇储备划分为适度储备需求和超额储备需求两大层次的基础上，进一步将超额外汇储备需求划分为债权需求、对外直接投资需求、股权需求及另类投资需求四个层次；其次，选择基于CRRA效用函数的期末财富效用最大化目标模型和VaR最小化目标模型，并在资产选择过程中综合权衡其他目标和因素，实现多目标体系下我国超额外汇储备资产的优化配置；再次，尝试性地引入多目标优化的NSGA-Ⅱ遗传算法，同时结合多国金融市场的实际数据计算和设定CRRA和VaR目标模型的相关参数，并运用Matlab软件对目标模型进行求解，从而得到超额外汇储备资产组合的Pareto最优解集，再根据我国的实际，从Pareto最优解集中选择相对适合的部分资产组合，并进一步求出最优的超额外汇储备资产组合权重。第四，引入本书已经测度出的我国近五年超额外汇储备规模数据，计算出最优资产组合下的具体投资数量，得到历年我国超额外汇储备的最优投资组合。最后，提出对超额外汇储备资产进行投资管理的对策建议。

1.5 研究方法

本书采用货币供给与需求理论、现代投资组合理论及金融风险管理理论等理论方法定性研究外汇储备的风险管理，并采用定量方法研究外汇储备最优规模、最优币种结构的决定因素及检验理论模型的可靠性；同时运用动态投资组合模型、层次分析法、遗传算法及VaR等风险度量方法对外汇储备资产进行多层次优化配置。此外，还将系统分析法、比较分析法、层次分析法及归纳法等研究方法贯穿于全书中。主要的研究方法如下：

(1) 将马斯洛需求层次理论引入外汇储备最优规模决定的分析。

构建基于外汇储备多层次替代效应的最优规模决定模型和理论框架，并采用格兰杰因果检验、协整等计量方法检验所建模型的合理性，然后模拟测度出我国最优的外汇储备规模。

（2）在对适度外汇储备资产进行多层次优化配置时，尝试性的将层次分析法（AHP模型）引入到外汇储备多层次优化配置的理论分析框架。构建出基于多层次需求的我国适度外汇储备币种结构优化的AHP模型，并运用YAahp软件求解出最优币种权重。在币种结构确定的基础上再建立改进的资产结构优化AHP模型，并巧妙地将AHP模型结合中国的实际数据测算出适度外汇储备的最优资产权重。

（3）在对超额外汇储备资产进行多层次优化配置时，本书选择CRRA效用函数模型和VaR模型进行分析，构建基于CRRA效用函数的期末财富期望效用最大化和VaR最小化的我国超额外汇储备资产优化配置模型。同时，尝试性地引入基于多目标优化的NSGA－Ⅱ遗传算法，并利用Matlab软件及C语言程序对超额外汇储备资产优化配置模型进行求解，进而模拟出最优的资产组合权重。

此外，本书对上述问题的分析、计算和模拟主要借助于Matlab、Eviews、YAahp等统计软件及NSGA－Ⅱ遗传算法来实现。

1.6 主要创新点

1.6.1 构建基于多层次替代效应的外汇储备决定理论分析框架

通过对各层次外汇储备的需求动机、结构变化及它们之间的相互影响深入分析，揭示各层次外汇储备之间的替代效应，据此提出外汇储备静态规模与动态规模的概念。同时，将外汇储备的静态规模和动态规模分别作为外汇储备适度区间的上限和下限，从而构建基于多层次替代效应的外汇储备决定模型及理论框架。

1.6.2 提出稳健管理和积极管理有机结合的外汇储备资产管理模式

本书认为将稳健管理和积极管理这两种投资管理策略相结合，既打破传统外汇储备以稳健管理、币种结构管理的保守模式，又不过度追求单纯的积极管理模式。提出在外汇储备资产优化配置过程中应对不同层次制订不同的策略，对适度规模实行稳健管理的投资策略和对超额规模实行积极管理的投资策略，将两者有机结合、币种结构选择和资产结构优化各有侧重的新型投资管理模式。

1.6.3 从理论上实现了外汇储备资产的多层次动态优化配置

将多目标、多层次和系统的管理思想引入外汇储备资产优化配置的分析框架，根据不同目标和不同层次的资产配置策略选择不同的资产配置理论及方法。在适度外汇储备资产的优化配置中，以追求资产的安全性和流动性为主，同时兼顾收益性，因此，选择稳健的资产管理模式。具体应以币种结构为主、资产结构为辅，并将它们综合起来考虑，实现两者既相对独立又紧密结合的配置方式，弥补了已有研究只注重币种结构估算的缺陷。尝试性地引入 AHP 模型，并对其进行改进和拓展，分别构建了适度外汇储备币种结构优化和资产结构优化的 AHP 模型，并选择大量的国内外现实数据测算出最优币种权重和资产权重。这样，不仅为 AHP 模型各准则下的权重确定提供了客观的依据，也在很大程度上克服了模型求解过程中判断矩阵构造的主观性，提高了结果的精确度和可靠性。而在超额外汇储备资产优化配置中，注重以追求资产的收益性为主，同时，考虑国家发展战略，对该部分资产实行积极投资管理模式，进行“长期性、战略性和高回报”的全球分散化组合投资。构建基于 CRRA

效用函数的期末财富期望效用最大化和 VaR 最小化的我国超额外汇储备资产优化配置模型。同时，尝试性地引入基于多目标优化的 NSGA－Ⅱ遗传算法，并利用 Matlab 软件对超额外汇储备资产优化配置模型进行求解，从而获得最优的资产组合权重。

1.6.4　跨学科研究方法的新应用

跨学科研究方法在外汇储备资产多层次优化配置中的应用是本书的一大特色，主要体现在以下几个方面：

（1）马斯洛需求层次理论（MHN）的应用

将经典的马斯洛需求层次理论应用于分析一国外汇储备的多层次需求，并根据外汇储备的功能对其进行多层次划分，为外汇储备的多层次规模决定、多层次目标原则和策略的制订和多层次资产优化配置奠定了基础。

（2）层次分析法（AHP 模型）的应用

本书将适度外汇储备的币种结构优化首先作为 AHP 模型的目标层，然后把影响币种结构的主要因素作为准则层，储备货币的种类则为方案层。综合运用定性与定量的方法分析各币种在各主要影响因素准则下的权重，进而确定各币种对货币结构优化目标的组合权重。并以各币种结构的分析结果为基础，进一步运用改进的不完全层次分析法分析并求出适度外汇储备的资产权重。

（3）遗传算法（NSGA－Ⅱ）的应用

本书把源于生物学中的生物进化论，并遵循“适者生存，优胜劣汰”原则的遗传学中带精英策略的多目标优化遗传算法（NSGA－Ⅱ）应用于超额外汇储备最优资产组合的选择，并通过 Matlab 软件结合中国的实际数据进行模拟，求解出超额外汇储备的最优资产组合。

第2章 文献述评

近年来，随着外汇储备在全球间不平衡的加剧，外汇储备功能的演化，频发的金融危机及外汇储备特殊的抗风险功能，使世界各国对外汇储备的功能和作用有了新的认识。国内外对外汇储备的研究也是当前的一个热点。其中对外汇储备的规模、资产配置和风险管理方面有了进一步的研究。

2.1 外汇储备适度规模的研究

2.1.1 适度规模度量理论的回顾

在国外，对外汇储备的研究由来已久。在外汇储备适度规模研究方面，目前已经形成了一些较为成熟的理论。

(1) 比例分析法

比例分析法是指在 20 世纪 70 年代之前，采用一国的外汇储备与一些经济变量(如外汇储备对出口、国民生产总值及外债等)的比例关系作为度量该国适度外汇储备规模的方法。该方法最早由美国经济学家 R. Triffin提出，他选取 1950—1957 年间的 12 个国家作为样本进行实证研究后，在 1960 年《黄金和美元危机》一书中首次提出，该计量方法开创了以数量化模型度量外汇储备适度规模的先河。他认为，以外汇储备对进口的比率作为度量一国外汇储备适度规模是一种较为合理的方法，通过实证研究表明，该比率在 40%为适度规模，如果低于 30%就要采取相应的措施进行调节，但最低不能低于 20%。如果按一国全年的外汇储备对进口比率进行计算，则应为 25%，即适度的外汇储备规模应能满足该国三个月进口量的外汇储备需求。之后 W. M. Brown（1964）和 H. G. Grubel（1965）也先后采用类似的比例分析方法，并选取不同时期、不同国家的样本数据进行实证分析。比例分析法是最简洁易行的度量方法，由于只以进口需求作为衡量一国外汇储备的适度规模，从而忽视了外汇储备功能的多样性。

（2）回归分析法

回归分析法又称为需求函数法，此类方法在第二次世界大战后得到广泛运用，并在 20 世纪 60 年代后半期得到快速发展，同时建立了多种相关模型，这些模型最大的特点是大多以发展中国家为研究对象。其中比较有代表性的有以下三种。

一是弗兰德斯（Flanders）模型。弗兰德斯是最早以发展中国家作为对象研究外汇储备需求函数的经济学家之一，她在构建外汇储备需求函数时将影响外汇储备的多种因素纳入度量外汇储备适度规模的模型中，从而使外汇储备需求函数能更全面地反映各种因素对外汇储备的影响。但遗憾的是，她对模型进行实证研究的结果并不理想，从而得出了这样的结论，即任何类型的简单模型只能是一种推测，而不能对一国储备需求做出准确的表述。

二是弗伦克尔（Frenkel）模型。弗伦克尔在研究发展中国家外汇储备需求函数时旨在找出它们与发达国家之间的差异，为此他选择了另一个角度研究发展中国家的外汇储备需求，并构建了相应的需求函数模型。他的研究结果表明，发展中国家外汇储备需求对国际交易变动的弹性要大于发达国家，而对国际收支变动的弹性要小于发达国家，因此他认为，在研究外汇储备需求函数时必须分别对发展中国家与发达国家进行区分。

三是埃尤哈(M. A. Iyoha)模型。埃尤哈在对发展中国家外汇储备需求进行了专门的研究后，认为进口支付变动率、持有外汇资产的利率、预期出口收入及一国经济开放程度是影响发展中国家外汇储备需求的决定性因素，并且这些影响因素与外汇储备需求均呈正相关关系，并在此基础上建立了发展中国家的储备需求函数。实证检验的结果非常令人满意，因此，该模型之后在发展中国家得到了广泛的运用，并被理论界认为是发展中国家测度外汇储备适度规模最为理想的模型之一。

回归分析法(储备函数分析法)。弥补了比例分析法的缺陷，并将其扩展到发展中国家，首次将实证和动态的分析方法运用于外汇储备的需求分析，同时将多种因素引入到模型中，从而使分析更加全面。由于在建立外汇储备需求模型时，过分信赖历史的经验数据而缺乏相应的理论支持，同时忽视了将多种因素引入模型可能会出现多重共线性的问题，加上外汇储备需求函数中没有很好地反映国际收支调节中融资与调节的可替代性，因此，缺陷也是明显的。

(3) 质量分析法。该方法是适度外汇储备水平决定的一种定性分析方法。Fritz Machlup (1965) 提出了外汇储备需求决定的“衣柜效应”(Wardrobe Effect)。他将一国对外汇储备的需求形象地描述为“夫人对其衣柜中时装的需求”，因此，根据该理论，一国的外汇储备应是多多益善，并认为一国的外汇储备需求是一个递增的独立变量，且不存在各国通用的适度外汇储备规模。而范(C. D. Fan) 等则认为，“要确定国际储备的需要量应进行定性分析，包括国际收支调节机制的效力及政府采取调节措施的谨慎态度等”。因此，他们认为，一国经济状况、各国经济政策的合作态度、政府采取调节措施的谨慎态度、一国所依赖的国际清偿力的来源、来源的稳定程度及国际收支的动向是影响该国外汇储备需求的重要因素。质量分析法中的“衣柜效应”理论为一国在现有的条件下尽可能多的追求外汇储备，并把外汇储备的持续增长作为外汇管理的重要目标提供了理论依据，但没有考虑持有外汇储备的代价，而过分强调主观因素的作用，从而否定了在客观上寻求相应决策依据的积极价值。

(4) 成本收益模型

20 世纪 90 年代以来，采用成本收益分析法研究外汇储备的适度规模是一种较为有效的方法。成本收益模型最早由海勒（H. R. Heller，1966）提出，在此之前，有关外汇储备最低水平的讨论是当时研究中最为关注的内容，而海勒则将研究的重点放在外汇储备的适度规模上，并试图通过构建模型度量来决定处于什么水平的外汇储备规模才是适度的，从而开创了一个基于成本收益的理论分析框架。在这个框架中，所谓的成本指的是，一国持有外汇储备的机会成本，即不是以外汇储备的形式持有，而是将外汇储备用于生产取得的收益与将外汇储备用于投资获得的收益的差额。所谓的收益则是指，如果用外汇储备来调节经济的失衡，所付出的成本要比通过其他方式更为节约，就可将这种节约也看作是一种收益。因此，一国外汇储备的最优规模就是当边际收益等于边际成本时的外汇储备规模。

之后，阿格沃尔（Agarwal，1971）把海勒模型扩展后，运用于度量发展中国家的外汇储备适度规模。并认为，一国外汇储备的持有成本应以该国因持有外汇储备而损失的产出来衡量，而持有外汇储备的福利应为因动用外汇储备而使被迫进行的经济调节得以避免而节约的产出损失。因此，在持有外汇储备的成本和福利相等的这一点上就是一国最优的外汇储备规模。

在成本收益模型中，虽然 Helle 的模型解决了理论界长期以来的诸多难题，并在外汇储备适度规模的研究中作出了开创性的贡献，但此模型的缺陷是在选择外汇储备的机会成本时主观性较强，并因假设条件与现实有较大的背离，从而导致用该模型估计出的外汇储备需求存在较大的偏差。而 Agarwal 模型虽然对 Helle 模型进行了修正，使其更适合发展中国家，但还是没有考虑储备融资与政策调节在国际收支调节中的可替代性问题，也忽视了资本项目变动和长期资本变动对外汇储备的影响。

(5) 存货缓冲模型

实践表明，Heller 模型不论在学术上还是在分析技术上，均存在一定的不足，为此，Hamada 和 Ueda(1977)开始了对外汇储备失衡及其随机性问题的研究，并以 Heller 模型为基础，创造性地将存货分析技术引入 Heller 模型，从而构造了一个外汇储备适度规模的度量模型。此后，Frenkel 和 Jovanovic(1981)也以存货分析技术为基础，并在分析方法上有了较大的突破。他们认为，一国经济失衡时的宏观调节成本和持有外汇储备的机会成本共同决定了该国外汇储备的适度规模，并且外汇储备是用来吸收和降低一国对外交往中产生波动时的一种“缓冲物”，因此，一国的外汇储备适度规模取决于该国外汇收支的波动程度。在此基础上构建了基于成本收益的外汇储备适度规模度量模型，这就是在当时产生重大影响的存货缓冲或存货控制模型。在存货缓冲模型中，以 Frenkel 和 Jovanovic 为代表度的量模型对外汇储备适度规模的测算结果与理论预测值较为接近，其准确度较高，但估计系数对样本时间的选择和模型方程具有较高的敏感性，因此，得到的结论可靠性不高，仅有参考价值。

(6) 基于预防性谨慎动机的模型

此类模型的代表是 Ben-Bassat 和 Gottlieb(1992)，将基于预防性谨慎动机的外汇储备需求模型称为 Ben-Bassat 和 Gottlieb 最优化模型。他们认为，一国持有外汇储备并不是出于对外交易动机，而是预防性谨慎动机，从而他们针对预防性外汇储备需求开发了一个最优数量模型。该模型假定一国有经常项目赤字，为了弥补赤字需从国际上进行融资。因此，该模型非常关注一国发生主权违约的风险及其经济后果。如果一国外汇储备耗尽，则无力偿还国际负债，从而产生国际债务违约，这必然会对该国的经济造成严重的损害。因此，一国必须持有一定的外汇储备来避免这种情况的发生。而要估计这种基于预防性谨慎动机的外汇储备需求，他们认为，必须要对借款国违约的主权风险加以考虑，以减少外汇储备的持有成本，因此，一国最优的外汇储备持有规模就是当其预期总成本最小时的外汇储备水平。在这一模型引领下，学术界在将一国经济混乱和失败的后果作为最优外汇储备规模的决定因素方面做出了开创性的研究，并从一国如果没有充足的外汇储备就会导致经济损失的可能性出发来研究外汇储备规模，认为一国最优外汇储备规模由不持有外汇储备带来的损失与持有外汇储备的机会成本共同决定。

基于预防性谨慎动机的模型克服了以往的模型没有充分考虑预防性谨慎动机的不足，它是一个专注预防性谨慎动机的模型，也是一个比较适合发展中国家的模型，并且由于模型的弹性较大，可将某些特殊因素纳入其中，因此，包容性较强。当它的这种包容性可能会导致一国在度量外汇储备持有成本时，由于受多种因素的影响而增大了度量的难度，并且该模型也没有说明，除对外债务总额对出口的比率和外汇储备对进口的比率之外，还应包括哪些可能影响违约概率发生的因素。

(7) 基于效用最大化的模型

基于效用最大化的外汇储备最优规模度量理论是与成本收益法不同的另一种外汇储备理论。该理论认为，在原来的基于成本收益最优化的度量模型中，货币当局的目标函数仅仅松散地与本国的福利水平相联系，其结果必然导致一国最优化模型不能较准确地测度对外失衡的后果。由于缺少对外失衡的福利度量标准，使得对一国持有外汇储备的机会成本难以界定。因此，为了克服这一缺陷，近年来许多学者进行了新的研究，并构建了基础效用最大化的外汇储备最优规模度量模型（Utility-Maximizing Approach）。其中，最有代表性和影响最大的是Jeanne（2007）和Ranciere（2008），他们假设存在一个小型开放的经济体，在一个三时期的时间结构内，消费者应把他们的财富分配到不同的时期和资产上，从而追求效用的最大化，并基于这一框架，得出基于效用最大化的外汇储备最优规模度量模型。

基于效用最大化的模型代表了外汇储备适度规模研究的最新方向，它试图将一国的适度外汇储备规模表述为外汇储备与GDP等经济变量的某种比例，从而使模型的测度结果简单易行，并在很大程度上与前人的研究相互呼应。该模型只分析了资本流动突然停止对本国外汇储备规模的影响这一个经济危机的外部原因，而忽视了许多同样会导致经济危机的内部原因，并由此影响外汇储备的适度规模。

此外，测度外汇储备适度规模的方法还有非结构化分析法、目标分析法、定性分析法及因素分析法等。由于这些理论的影响力较小、代表性不强及篇幅的限制，因此，不再一一介绍。

2.1.2 最新研究进展

近年来，随着金融危机在世界范围内发生的频率越来越高，影响也越来越强，金融危机对世界各国的冲击日益严重，特别是2008年美国金融危机爆发以来，外汇储备作为维护一国金融安全的功能也被充分认识，因此，相应的研究主要集中在如何确定一个既能满足一国维护金融安全的需求，又能减少持有成本和风险的适度外汇储备规模上，并试图对传统的成本收益基本分析框架有所突破。对此，国外的一些学者展开了深入地研究，其中，比较有代表性的是，Jeanne（2007）及 Jeanne 和 Ranciere（2008）从效用最大化的角度出发，研究了一国的最优外汇储备水平。结果表明，一国外汇储备的最优规模主要由外汇储备的持有成本、危机的严重程度及该国对危机的脆弱程度来决定，因此，能使一国持有成本最小的外汇储备量就是该国的最优外汇储备规模；Durdu，C.，Mendoza，E. and Marco，E.（2007）的研究结果表明，金融全球化和外汇流入“骤停”的风险是新兴经济国家持有大量外汇储备的主要原因，而商业周期波动的解释力并不强；Caballero and Panageas（2008）构建了一个基于外汇流入“骤停”和外部流动性管理的全球均衡模型，并用这个模型来讨论保证新兴经济体应对外汇流入“骤停”的现实机制；Barnichon（2008）构建了一个最优外汇储备水平的分析框架，以便定量分析限制外国资本进入，以及受自然灾害或贸易条件冲击的小国开放经济，并认为，应以国际储备来缓解由外部冲击和避免进口大幅波动引起的国际收支平衡压力；Obstfeld，Shambaugh and Taylor（2008）认为，要找到解释新兴经济体国际储备快速增长的原因仍然是一个难题，为此，他们构建了一个基于金融稳定和金融开放的模型，并认为该模型能较好地解释资本市场全球化时代的外汇储备持有水平。Jeanne and Ranciere（2009）提出了一个小国开放经济下的最优外汇储备测度模型，在此基础上构建了相应的理论分析框架。Durdu 等（2009）的研究显示，应对金融全球化和避免外汇流入“骤停”的风险是新兴经济国家持有大量外汇储备的主要原因，而商业周期的波动对其的解释力并不强。

在国内，从 20 世纪 80 年代开始就出现了对外汇储备适度性的研究（马之騆，1994；马之騆、刘红忠，1996；姜波克，1984），其中代表性的研究主要有：姜波克（1984）对国际储备需求的理论和方法进行了分析和评价，并为我国外汇储备管理提出了建议。盛柳刚、赵洪岩（2007）估计了

2000—2006年中国外汇储备的收益率及2003年后流入中国的热钱数量。巴曙松、朱元倩(2007)通过建立可加模型，对外汇储备的决定因素进行了实证研究。刘红忠、周赟(2008)通过构建基于代表行为人的跨期均衡模型，探讨了基于产出冲击和消费平滑的主动性储备需求的决定，通过数值模拟表明，国际储备持有额已经从一定程度上脱离了实体经济的基本需求。史祥鸿(2008)在对阿格沃尔模型修正后，实证研究并讨论了我国的适度外汇储备规模；李超、周诚君(2008)研究了我国流动性过多与外汇储备过度累计两者之间的关系及其作用机制。王群琳(2008)的实证研究也表明我国外汇储备2005年以来是适度的；李巍、张志超(2009)构建了一个基于金融稳定的测度中国外汇储备适度规模的分析框架，模拟研究结果表明，当前我国的外汇储备正处于合意的区间范围之内；曲强等(2009)认为，在当前中国存在超额外汇储备规模的情况下，外汇储备的变动具有明显的通胀效果，而货币冲销对物价有显著的平抑作用，但对产出具有不利的影响。孔立平(2010)的研究结果却表明，我国的外汇储备规模在全球金融危机的背景下是超额的，并且面临着巨大的风险；张斌等(2010)的研究结果也表明，目前中国存在超额外汇储备。并且认为中国目前面临外汇储备大幅缩水的风险。周光友、罗素梅(2011)认为，中国目前的外汇储备明显过剩，但政府没有必要对其进行“主动”干预，当务之急是要考虑如何充分发挥外汇储备的特殊作用，并使其保值增值。

2.1.3 简要评价

综上所述，各种外汇储备适度规模的度量模型都有其产生的背景，从而带有时代的烙印，也在一定程度上反映了外汇储备的时代功能，并且随着外汇储备功能的演变而发展，因此，各种外汇储备适度规模的度量模型各具特点。虽然，外汇储备适度规模的度量理论有一个从低级到高级、从简单到复杂、从发达国家到发展中国家扩展的过程，但各种模型之间并不是一个新模型的出现就完全替代旧模型的过程，而是随着时间的推移，最先产生的模型也有一个不断发展的过程，并且有的模型影响力越来越大，因此，没有绝对意义上的哪一种模型一定比另一种模型更好，只不过是不同国家在不同时期、不同发展阶段及所面临的环境不同时，选择的度量模型应有所不同罢了，即度量模型的好坏取决于是否适合于本国的实际。因此，各种模型是一种既相互独立、又相互影响，并且是相互补充的关系。同时，虽然国内外现有研究外汇储备适度规模的测度模型很多，但是几乎没有一个模型是能适用于度量不同国家的、通用的模型。事实上，由于世界上没有任何两个影响外汇储备需求的因素完全相同的国家，而已有的模型大多强调的是不同国家之间的“共性”而忽视了她们的个性，因此，这些模型对于发展中国家，特别是经济高速增长并且有着特殊国情的发展中国家来说参考意义并不大。

总之，在全球金融危机的背景下，如何充分发挥外汇储备在防范金融风险中的作用是世界各国外汇储备管理的重点工作。在我国，由于持有大量的外汇储备，要在保证我国各种外汇储备需求的前提下，对超额外汇储备进行科学的管理，并使其保值增值。而确定一个适度的外汇储备规模是进行外汇储备管理的前提，因此，相关的研究将成为今后研究的重要方向：一是注重国别研究，在吸收已有理论合理内核的基础上，结合国情，并吸收微观金融理论中的有益成分，从而构建测度外汇储备适度规模的最优化模型。二是科学合理的度量外汇储备的持有成本，从机会成本和持有成本的角度测度一国的最优外汇储备规模，从而达到外汇储备效用最大化的目标，进而降低外汇储备的持有风险。三是通过各种外汇储备适度规模的测度模型，找到一个不仅有理论支持又简单易行的度量外汇储备适度规模的比率，从而为决策者提供明确的、可操作性较强的理论依据。

2.2 外汇储备资产配置的研究

在已有的研究中，外汇储备资产优化配置的研究主要体现在币种结构确定和资产结构优化两个方面。

2.2.1 外汇储备币种结构研究

在国外，对外汇储备币种选择及结构优化的研究中，最有代表性的有三种：一是 Markowitz(1952)和 J. Tobin(1956)的风险分散理论，该理论认为，可将外汇储备视为一种金融资产，并可通过资产分散来降低风险，各种持有货币的风险与收益状况决定了某种货币在外汇储备中的比例，而其他因素并不需要考虑。二是 Heller 与 Knight(1978)的研究发现，汇率安排和贸易收支结构是决定一国外汇储备币种结构的主要因素，而经济开放度、经济总量与币种结构的相关性可以忽略不计。三是 M. Dooley(1986)的研究认为，在外汇储备币种结构的影响因素中，汇率安排、外债支付流量和贸易流量是决定外汇储备币种结构的主要因素。之后，Dellas 和 Yoo(1991)分别运用均值-方差模型和消费资产资本定价模型来研究韩国的储备币种结构，并添加进口贸易带来的币种结构约束条件，在最终理论结果与实际数据的比较中，均值-方差理论的结果也是较为符合实际情况的。Roger(1993)的研究却发现，大多数工业化国家外汇储备持有结构的变化，并不是投资组合的结果，而是主要与外汇市场的公开市场干预有关。Eichengreen(1998)通过实证分析发现，国际贸易相对规模和国内生产总值是影响外汇储备币种结构的长期因素，而短期内不明显。Srichander 与 Ramaswamy(1999)将模糊决策理论用以分析外汇储备的币种结构，通过把各种货币资产组合放到多目标模糊决策分析框架中进行实证研究，其结果可用以解释现实中的币种结构选择。Eichengreen 与 Mathieson（2000）通过分析一国资本账户开放、外债结构、汇率安排、储备货币之间利差的关系，对外汇储备币种结构的影响发现，各国外汇储备币种结构具有明显的历史延续性特点，并且这些影响因素发挥作用也是渐进的。而 Elias，Richard，Gregorios（2006）采用动态均值方差模型得出了存在交易成本情况下的外汇储备最优货币结构。此外，在最近几年，相关的研究又进一步深入，Roland Beck 和 Ebrahim Rahbari（2008）运用最小化方差模型研究 24 个新兴市场国家外汇储备中美元和欧元的比例关系，同时得出计价货币的选取对于最优比例的决定性作用。Hatase 和 Ohnuki（2009）利用日本 1924—1939 年储备币种档案，构筑了一个既同传统文献一致又反映了新近理论进展的模型，结果显示贸易规模和外债币种结构是决定外储币种结构的主要因素。Kubelec 和 Sa（2010）认为，由于储备币种结构一般较少变动，因而 Eichengreen 和 Mathieson（2000）的总量模型决定变量及参数估计值，被研究者用来估计一些国家包括中国的币种比重。

在国内，对外汇储备资产配置的研究相对缺乏，而在已有的文献中主要研究的是外汇储备的币种结构问题。陈建国、谭戈（1999）认为，一国货币当局持有黄金、外汇、特别提款权等，其目的在于提供一种最终的国际债务清偿能力。因此，应该从偿还国际债务的角度来确定各种储备资产的相对价值。假如货币当局的偏好是确定的且可以用经验函数来反映，则可通过运用均值-方差最优化方法描绘资产组合的有效边界，进而得出储备的最优资产结构。宋铁波、陈建国（2001）研究了贸易结构、外债结构、储备货币的风险收益和一国汇率制度四种因素对货币分配的影响。马杰、任若恩、沈沛龙（2001）在均值-方差模型的基础上，建立了一个非线性模型来确定外汇储备的最佳结构，但由于种种限制，没有根据模型计算出准确结果。朱淑珍（2002）利用 Markowitz 模型工具分析了中国外汇储备的风险最小方差边界曲线（风险有效边界曲线），给出了理论上最优的外汇储备结构的调整建议。邹全胜（2005）认为，中国的外汇储备要与中国外向型经济相配合，在实现储备货币营利性和低风险性的同时，也应考虑储备货币的方便性与交易成本，不能单纯因为美元汇率的短时期涨跌而改变自己的储备结构。滕昕（2007）在研究中将外汇储备看作一个系统，运用层次分析法，构造了货币结构选择的 AHP 模型，并得出了各种货币在外汇储备货币结构中应占的权重。黄金、周锐（2007）则从外汇储备的汇率风险角度出发，分别分析了美元、日元、欧元和英镑等主要储备货币的平均收益率、风险及相互之间的相关性，从而给出如何分散汇率风险的政策建议，即增加欧元和英镑在币种结构中的权重。杨胜刚、龙张红（2009）也借鉴模糊数学满意度概念建立模型，分析分别提高美元、欧元、英镑、人民币利率时储备货币的币种变化。邹宏元、袁继国、罗然（2010）运用模糊决策方法，在考虑进口因素和外汇储备收益的情况下，估计中国外汇储备的最优币种结构是，美元为 64.5%，欧元为 33.3%，日元为 2.2%。孔立平（2010）结合马柯维兹资产组合理论、海勒-奈特模型和杜利模型，综合考虑我国的贸易结构、外债结构、外商直接投资来源结构和汇率制度等因素的影响，提出应降低美元在我国外汇储备中的占比，提高欧元占比。曲良波、宋清华（2012）的研究结果表明：在我国外汇储备币种构成上，欧元资产比重上升，美元、日元资产的比重下降，英镑资产的比重基本维持不变，美元资产仍处于主导地位；外汇储备资产的平均收益率在下降，面临的风险在加大。

2.2.2 外汇储备资产结构研究

在资产结构的优化方面，相关的研究较少，国外研究代表性的主要有：McCauley 与 Jiang（2004）在美国官方统计数据的基础上，对世界各国持有美元储备资产的情况进行了深入研究。Cardon 和 Coche（2004）

通过理论和实证研究发现，正确的组织结构是外汇储备战略资产配置的重要保证。Vesilind 和 Kuus(2005)在对爱沙尼亚外汇储备积极管理的研究中发现，一国应将外汇储备视为流动性资产组合和投资性资产组合，同时还应持有一部分黄金。Cushman 等(2007)对外汇储备资产投资组合平衡模型进行了研究，并认为该模型能够较稳定地解释标准的基础货币。

与此同时，国内学者在外汇储备资产结构的研究方面也做了一些有益的尝试。易江、李楚霖(1997)将资产组合风险最小化的理论应用于外汇储备安全增值问题的研究，在允许卖空和不允许卖空两种很强的假定前提下，导出实现外汇储备资产最优组合的方法。王红夏(2003)根据储备资产的变现能力和收益水平，将储备资产划分为三级结构：一级储备、二级储备和三级储备。何帆、张明(2006)认为，中国应该进行外汇储备的资产调整，降低投资于美国国债的比例，提高投资于美国股权、美国机构债和企业债，以及黄金的比例。Wu Yi(2007)运用动态均值-方差优化模型对中国外汇储备币种结构进行了研究。利用 1999 年 12 月至 2007 年 6 月的数据，得出了各储备货币的一个比重区间：美元(47%～58%)、日元(13%～18%)和欧元(5%～10%)。冯科(2007)根据中国香港地区等国家和地区的外汇管理经验，提出我国的外汇储备可以分为两部分，一部分是货币资产，另一部分是投资资产。充足性、流动性、安全性是货币资产管理的首要目标，而投资资产则注重外汇储备的收益性。梅松、李杰(2008)认为，应当用超额外汇储备配置与宏观经济周期运行相反的风险资产，对于重要部门，还可以有针对性地进行对冲操作，从而提高社会的整体福利水平。刘澜飚、张靖佳(2012)通过刻画中国外汇储备对外投资的“循环路径”，构建了包括央行、金融市场和实体经济的斯塔克尔伯格及古诺模型，进而模拟出中国外汇储备对外投资、对本国经济的间接贡献，合意的外汇储备投资组合，以及最优外汇储备投资规模。

综上所述，国内外的研究已取得了较多有价值的成果，也是本书研究的重要基础。存在的不足：一是绝大多数文献简单地将一国的外汇储备视为一个整体进行币种结构选择或资产优化配置，忽略了外汇储备资产的多层次性及其功能的动态演变特征，从而缺乏针对性，在现实中的可操作性低，不能有效提高外汇储备管理的效率。二是定性分析较多，定量研究较少，主观性较强，从而缺乏定性与定量相结合的分析；三是大多数研究以多个国家为研究对象，国别的研究较少，虽然能反映外汇储备的共性，但也正是这种共性而忽略了国别差异，从而使研究结论的适用性降低，特别是对持有巨额外汇储备的中国来说更是如此；四是已有的研究大多只重视币种结构的管理，很少考虑资产结构，从而没有很好地体现适度与超额规模管理的差异，也未能将币种结构选择与资产结构优化相结合，严格地说，只进行货币结构优化不是完全意义上的资产优化配置。

2.3 外汇储备风险管理的研究

外汇储备风险管理与金融风险管理相比，它的研究相对滞后，但金融风险管理的相关理论为外汇储备风险管理的研究奠定了基础。R. Triffin(1960)对外汇储备适度性的研究标志着外汇储备风险管理研究的开始。随着经济全球化、外汇储备持有水平的差异化、外汇储备功能的演化及其风险的日益显现，世界各国对外汇储备风险的管理也越来越重视，对外汇储备风险管理的研究也逐步深入。相关的研究主要体现在外汇储备风险管理框架和外汇储备风险测度的理论与方法两个方面。

2.3.1 外汇储备的风险管理框架

在 2001 年，国际货币基金组织(IMF)发布对外汇储备管理的指导性文件《外汇储备管理指南》后，又于 2003 年发布了该“指南”的配套文件（Accompanying Document），“指南”为各国的外汇储备管理提出了指导性的风险管理框架：一是要求各国外汇储备管理者必须实时监控外汇储备风险敞口；二是必须认识并能够说明潜在的资产损失和他们准备接受的风险暴露的其他结果，并在风险敞口超过可接受的风险水平时予以干预；三是要求储备管理实体必须定期对风险进行压力测试，并将其用以评估宏观经济和金融变量变动或冲击带来的潜在影响。同时，IMF还建议各国的外汇储备管理机构根据投资组合原则制订外汇储备的资产选择和配置策略，从而控制外部风险。并认为要保证投资操作的有效性，必须规定一个投资组合基准。应将币种选择的流动性和货币风险在投资组合基准中加以考虑，同时应在投资组合中更多地考虑流动性强的货币比重，从而达到在投资组合中与债务相对应的货币风险套期保值的目的。

在国内，武剑（1998）、徐明东、严启发（2006）等学者则通过对一些主要国家外汇管理体系和运行机制的比较分析，对中国外汇管理提出了可借鉴的经验或对策。李雪莲（2008）认为，在现有管理模式下，中国外汇储备面对美元危机存在多方面风险。中国外汇储备管理滞后，急需变革，应从管理对象、目标、管理模式、管理体制、风险控制、配套制度建设及储备规模、结构优化等方面对中国外汇储备管理进行优化。曾之明、岳意定（2010）认为高额外汇储备存在极大机会成本和潜在风险，后危机时代中国应借鉴国外多层次储备管理模式，合理控制外汇储备规模增长，优化储备资产及币种结构，注重外汇储备管理的风险控制。

2.3.2　外汇储备风险测度的理论与方法

关于外汇储备风险的测度，国际金融机构和国外学者进行了很多有益的探索，并提出了相关的一些模型、方法和建议。国际货币基金组织

(IMF)对外汇风险类型进行了划分，并从风险来源的角度，将外汇储备资产面临的风险划分为外部风险和内部风险。其中内部风险由市场风险和环境风险构成，而市场风险又由利率风险、汇率风险、流动性风险构成。外部风险则由政治风险、法律风险、信用风险等构成。内部风险是由于操作控制不当或信息系统等方面的缺陷而导致的可测算或无法测算的损失，它由操作风险、机会风险、技术风险构成。外汇储备风险种类的划分为外汇储备风险的测度提供了依据。Bert 和 Han(2004)运用资产平衡表模型(A Balance Sheet Approach)对中央银行资产面临的潜在收益和损失进行了估计和度量，从而为外汇储备市场风险的度量提供了参考；Peter 和 Zwanenburg(2004)认为，要设立外汇储备的战略性组合，首先，要步骤是评估资产组合可以接受的总体风险；其次，要决定风险预算的分配；最后，储备资产应基于诸如回报预期、可利用的资源、操作性事务的限制和流动性需求等方面的要求来划分。Delgado，Martinez 和 Osorio (2004)设计了外汇储备流动性危机模型，用动态分析法来分析央行外汇储备流动性危机发生的可能性，从而考虑了储备资产流动的时间因素。

国外学者主要倾向于理论研究，国内学者则主要将国外已有的相关理论模型用于我国外汇储备风险的实证研究，从而提出防范和降低外汇储备风险的对策建议。朱孟楠(1997)提出，要对超额外汇储备进行多元化的投资并设想了“低度分散、中间、高度分散”三种储备货币币种分散方案，以提高外汇储备投资的效益和减少损失。姚东(1999)提出了关于外汇储备市场风险和信用风险的测量及风险额度管理的一些理论与方法；何帆、陈平(2006)在归纳比较新加坡、挪威的经验与启示基础上，首次提出了外汇储备积极管理的概念，并认为我国必须优化外汇储备结构，同时利用外汇储备为中国发展战略的调整服务；何帆(2007)提出在风险控制上，应借鉴国外一些外汇储备管理效率比较高、相关法律制度比较成熟的国家和地区外汇储备管理的成功经验，对我国的外汇储备进行全面风险管理，并重视资产管理的透明度，从而降低外汇储备的经营风险。姜昱、邢曙光（2010）利用 DCC－GARCH 模型结合条件风险价值 CVaR 描述了我国外汇储备的汇率风险，结果显示近期汇率风险有增加趋势。艾之涛、杨招军（2010）基于 VaR 方法，把外汇储备看作是一个由不同币种组成的资产组合，通过实证分析测算各币种比例相对变化时的 VaR 值，结果表明，从控制风险的角度，目前，我国应减少外汇储备中欧元的比重而增加美元的比重。

2.4　对已有研究的评价

已有的相关研究已经在多个方面有了突破，并取得了很多有价值的成果，也是本书研究的重要基础，但还存在一些不足：

（1）研究视角较单一，缺乏系统性

外汇储备的管理是以多层次规模决定及测算为基础、资产优化配置和动态投资组合为手段、风险控制为保证、保值增值为目标，并应该充分体现一国金融安全和国家利益的一个动态的、系统的管理过程。而已有的研究大多只从规模、结构或风险的角度出发，不仅研究视角单一，而且也缺乏系统的研究。

（2）外汇储备最优规模的测算不够合理，缺乏科学性

已有的研究在测度外汇储备适度规模时，绝大多数测度方法是将外汇储备各种需求进行简单加总而得到外汇储备的最优规模，而本书认为，外汇储备各层次需求之间是相互影响或动态替代的，因此，这种计算结果必然造成对部分外汇储备规模的重复计算，导致“高估”外汇储备的最优规模。并且大部分研究在测算规模的过程中未能反映外汇储备功能的动态演变特征，也没有充分考虑外汇储备在金融安全中的特殊作

用,从而大多数文献测算的适度规模是一个固定的数值。事实上,外汇储备的适度规模应该是一个动态的区间更为合理,因而对外汇储备最优规模的测算缺乏科学性。

(3) 没有将币种结构优化与资产结构优化有机结合,缺乏灵活性

在多层次外汇储备风险管理体系下,由于适度与超额规模各自的管理分目标和资产优化配置策略并不相同,因此,应该选择不同的投资管理模式。在各层次的储备资产优化配置过程中,币种结构优化与资产结构优化要各有侧重,同时也要进行有机结合。而已有的研究主要集中在外汇储备币种结构优化方面,对资产结构优化的研究相对较少。也就是说大部分研究只停留在对储备币种的选择及结构优化上,而没有对储备资产进行进一步的配置,也没有很好地体现适度与超额规模资产管理的差异。本书认为,币种结构优化只是储备资产配置的一部分,不能代替其全部。这种配置方式使基于全球视角的外汇储备资产多层次、多样化配置受到限制,从而不利于分散和降低风险,也缺乏灵活性。

(4) 已有理论与方法的简单直接应用,缺乏创新性

在已有的研究中,大多将国外现成的理论直接用于研究我国外汇储备问题,虽然各国具有很多共性,但对持有巨额外汇储备,并具有特殊国情的我国来说,应充分重视特殊的个性。因此,对国外现成理论的简单应用并不能充分反映我国的实际情况,这不仅会造成研究结果的可靠性不高,提出的政策建议针对性不强,甚至会误导决策部门,而从理论研究的角度看也缺少创新性。

2.5 本章总结

经过分析,有些研究有不足之处,故从以下几个方面展开研究。

（1）在国际金融危机和我国持有巨额外汇储备并面临不断贬值风险的背景下，将外汇储备资产视为国家特殊的金融资产，在对外汇储备最优规模和超额规模测度的基础上，分别对不同层次的外汇储备资产进行动态优化配置，并提出防范我国外汇储备资产风险的相关建议，从而将多层次的、动态的、系统的管理思想贯穿于全文的始终。

（2）尝试性地将马斯洛需求层次理论引入外汇储备规模决定的理论分析中，构建基于多层次替代效应的外汇储备最优规模动态决定模型和理论分析框架，选择相关的指标和数据，建立计量经济模型，对理论模型的可靠性进行检验，确定我国外汇储备规模的适度区间，进而测算出适度规模和超额规模，为外汇储备币种结构选择、资产优化配置和动态投资组合提供依据。

（3）以外汇储备资产多层次需求和功能演变为视角，提出了基于金融安全和国家利益的外汇储备资产优化配置目标和原则。认为各种目标之间、原则之间是一种相对独立、相互制约、相互补充、相辅相成的关系，并且各种目标和原则并非是一成不变的，随着外汇储备需求层次的变化和功能的演化，各种目标和原则也会随之改变。同时在制定外汇储备资产优化配置总体策略的基础上，根据适度外汇储备和超额外汇储备的不同功能和管理目标，分别制定各层次资产的优化配置策略，从而构建多层次、多目标的外汇储备资产优化配置策略体系。

（4）通过建立基于多层次需求的适度外汇储备币种结构优化的 AHP 模型，测算出适度外汇储备的最优币种权重。在币种结构确定的基础上再建立改进的资产结构优化 AHP 模型，并最终计算出适度储备的资产权重，从而实现了币种结构和资产结构优化的有机结合。同时，根据已经测度出的适度外汇储备最优规模历年数据，计算出近五年最优币种结构下的具体资产规模及最优资产结构下各币种的具体持有数量，实现了真正意义上的适度外汇储备资产优化配置。

(5) 将超额外汇储备进一步划分为不同的需求层次，构建基于CRRA效用函数的期末财富期望效用最大化和VaR最小化的超额外汇储备资产优化配置双目标模型。同时，尝试性地引入多目标优化的NSGA-Ⅱ遗传算法，结合多国金融市场的实际数据计算和设定目标模型的相关参数，并运用Matlab软件对目标模型进行求解，从而得到超额外汇储备资产组合的Pareto最优解集，进一步求出最优的超额外汇储备资产组合权重。然后，引入本书已经测度出的我国近五年超额外汇储备规模数据，计算出最优资产组合下的具体投资数量，得到历年我国超额外汇储备的最优投资组合。

第3章

外汇储备最优规模的多层次动态决定

3.1 引　言

随着近年来外汇储备在全球间不平衡的加剧、外汇储备功能的演化、频发的金融危机及外汇储备特殊的抗风险功能，使世界各国对外汇储备的功能和作用有了新的认识，对外汇储备的研究也成为当前的一个热点。其中，研究外汇储备适度规模的文献可谓汗牛充栋，但理论界对什么是最优的外汇储备规模至今仍莫衷一是，对此还争论不休。

在国外，对外汇储备适度规模的研究可谓由来已久，目前已经形成了一些较为成熟的理论。最早研究外汇储备适度规模的是凯恩斯(Keynes，1930)，他为国际储备的研究开辟了新视野。特里芬(R. Triffin，1960)首创了外汇储备规模的比例分析法。在20世纪60年代末以海勒(H. R. Heller，1960)和阿格沃尔(J. Agaraual，1971)为代表的经济学家提出了成本收益法(机会成本法)，他们认为，当一国持有外汇储备的边际成本等于边际收益时就是最优的外汇储备规模。而以佛兰德斯(Flanders，1969)、佛兰克尔(Frenkel，1973)及埃尤哈(Iyoha，1971)为代表的储备函数分析法(回归分析法)弥补了比例分析法的诸多不足，他们认为，决定一国外汇储备的因素是多种多样的，为此，他们通过设计包含多种影响因素的参数模型来构建外汇储备需求函数，并以此确定适度的外汇储备规模。之后，又涌现了一些测度外汇储备适度规模的方法，如因素分析法、非结构化分析法、质量分析法、目标分析法及“衣柜效应”分析法等。对外汇储备适度规模的研究经过一个相对沉寂的时期后，由于近年来金融危机频频发生，人们对外汇储备预防金融风险的特殊作用又有了新的认识，对外汇储备适度规模的研究又再次升温。Durdu 等(2007)以金融全球化、经济波动及资本流入的突然停止作为小国开放经济的影响因素，得出了估计一国预防性储备最优水平的方法。Barnichon(2008)、Jeanne 和 Ranciere(2009)提出了一个小国开放经济下的最优外汇储备测度模型，在此基础上构建了相应的理论分析框架。

国内的研究虽然相对滞后，但从未停止过，特别是随着近年来我国外汇储备规模屡创新高，研究外汇储备规模的文献也层出不穷。武剑(1998)构建了我国适度外汇储备规模的测度模型。谭跃、王佳讯(1999)提出了一个外汇储备适度规模的时滞因素模型。金雪军、刘春杰(2000)探讨和评价了一些测度我国外汇储备适度规模的模型，并认为现成地套用其中的某一种模型并不可取。王元龙(2003)认为，确定我国外汇储备规模将面临两难选择。刘莉亚、任若恩(2004)的研究表明，我国外汇储备实际规模 20 世纪 80 年代以来的变动轨迹与适度规模基本上是一致的。陈湛匀(2006)认为，在人民币升值压力下我国外汇储备的规模较高，已明显超出了适度外汇储备的理论区间。史祥鸿(2008)在对阿格沃尔模型修正的基础上探讨了当前中国外汇储备的合理规模。王群琳(2008)通过对中国外汇储备规模的实证研究表明，2005 年我国实行汇率制度改革以来，我国的外汇储备规模是适度的。李巍、张志超(2009)认为，当前我国的外汇储备正处于合适的区间范围之内。而孔立平

(2010)却认为,在全球金融危机的背景下,我国的外汇储备规模是超额的。张斌等(2010)认为中国真实有效收益率低于以美元计价的外汇储备收益率,从而面临外汇储备缩水的风险。周光友、罗素梅(2011)的研究表明中国目前的外汇储备明显过剩。

外汇储备适度规模的测度方法多种多样,研究的视角和选择的数据指标各有不同,从而得出的结果也大相径庭。已有研究存在共同的缺陷:一是绝大多数测度方法将外汇储备各种需求进行简单加总而得到外汇储备的最优规模,事实上,外汇储备各层次需求之间是相互影响或动态替代的,因此,这种计算结果必然造成对外汇储备规模的重复计算,即“高估”外汇储备的最优规模。二是大多数国内学者采用国外现有的模型(即便是加以修正)来测度我国外汇储备适度规模,这些模型并不能充分反映中国的实际,也没有充分考虑外汇储备功能的演化,比如,一些用于金融安全的外汇储备规模没有在模型中得到充分反映。三是在已有的文献中,大多数选择基于多国(比如新兴市场经济国家)的面板数据进行实证研究,并力求寻找不同国家之间的共性,从而忽略了更为重要的我国外汇储备的特殊性,因此得出的结论并不符合中国的实际。因此,构建一个基于中国实际的外汇储备最优规模测度模型是非常必要和有现实意义的。

为此,本章将从以下几个方面展开研究:首先,以当前中国持有高额外汇储备为背景,紧密联系我国的实际研究外汇储备问题,力求研究结论的可靠性和对策建议的可操作性,并为外汇储备的管理提供一个新的思路。其次,通过引入马斯洛需求层次理论将外汇储备划分为不同的需求层次,并认为一国外汇储备规模由各层次的外汇储备需求所决定。在对各层次外汇储备需求的动机、结构变化及它们之间的相互影响进行深入分析的基础上,提出各层次外汇储备之间的替代效应,并依据替代效应的程度将外汇储备规模分为理论规模、单向替代规模、多向替代规模及动态替代规模几种情形，从而构建外汇储备多层次替代效应的分析框架。最后，选择我国相关数据和指标模拟出我国的适度规模区间和最优外汇储备，并提出相应的对策建议。

3.2 理论模型

3.2.1 基于多层次的外汇储备需求

一国持有外汇储备的目的在于满足平衡国际收支、偿还外债本息、干预外汇市场、保持金融安全稳定及维护本国信心等的需求。而外汇储备要满足上述多样化的需求必然需要相应的外汇储备，正是这种多样化的需求，决定了满足各种需求及实现各种功能的外汇储备需求是多层次的。因此，为了分析外汇储备的多层次需求，我们引入了马斯洛需求层次理论的思想。马斯洛理论将人们的需求依次由低层次到高层次分为生理需求、安全需求、社会需求、尊重需求和自我实现需求五类。

用该理论分析外汇储备的多层次需求主要是由于个人各种需求的满足与一个国家对外汇储备需求的满足有着很多共性。首先，在马斯洛看来，人都潜藏着这五种不同层次的需求，但在不同时期表现出对各种需求的迫切程度并不相同。同样，由于一国外汇储备需求的多样化决定了其需求也是多层次的，并且在一国不同的发展阶段及持有不同外汇储备规模时对外汇储备需求的迫切程度也是不同的，这为外汇储备层次的划分提供了理论依据。其次，马斯洛认为，人们的需求可按其重要性和层次性从低级到高级排成一定的次序，即从基本的需求（如食物和住房）到复杂的需求（如自我实现）。同样，一国对外汇储备的需求也是有先后顺序的，即根据需求的迫切程度依次满足基本需求（如进口需求和 FDI 利润回流需求）、安全稳定需求、信用保证需求及投资需求（盈利需求）

等。再次，马斯洛和其他的行为科学家都认为，一个国家多数人的需求层次结构，是同这个国家的经济发展水平、科技发展水平、文化和人民受教育的程度直接相关的。同样，一国对外汇储备的需求也受到各种主客观因素的影响，如经济规模、金融安全、对外开放程度甚至是政治因素等。最后，马斯洛还认为，当人的某一级的需求得到最低限度的满足后，才会追求高一级的需求，如此逐级上升，成为推动继续努力的内在动力。事实上，当一国的外汇储备规模不足时也只能满足或部分满足该国最低层次的需求，此时一国也会努力寻求通过各种途径获得更多的外汇储备来满足更高层次的需求，最终，如果一国具有超额外汇储备则可满足高层次的需求。由此可见，将马斯洛的需求层次理论用于分析一国外汇储备的需求是可行的。

根据马斯洛需求理论，可相应地将一国的外汇储备需求划分为基本交易需求、安全稳定需求、信用保证需求及投资盈利需求四个层次，并将各层次的外汇储备需求根据需求程度的迫切程度由低级向高级排列(图 3－1)。其中，基本交易需求是指一国为了满足对外经济交流的需要而产生的外汇储备需求，主要包括国际间的商品交易和资本往来两个部分；安全稳定需求是指一国为了维持本国经济金融的安全稳定而产生的外汇储备需求，主要包括外债偿付、干预外汇市场等方面的需求；信用保证需求是指为了增加公众对货币当局和本国经济的信心而产生的外汇储备需求；投资盈利需求是指一国在满足上述各层次的外汇储备需求后，为了实现外汇储备盈利的目标而产生的外汇储备需求。

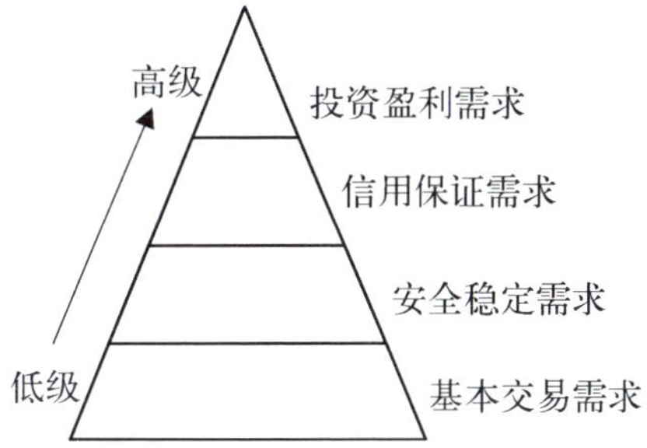

图 3－1　外汇储备需求层次

由上述分析可知，我们引入马斯洛需求层次理论分析外汇储备需求层次的目的在于，通过对各层次外汇储备需求的分析，最终确定一个最优的外汇储备规模。在此，为了便于分析，我们作以下几个假设：

（1）外汇储备由多层次需求构成，并且各需求层次之间是相互独立的，即它们之间互不影响。

（2）外汇储备的需求是有先后顺序的，并且它们的需求规模不一定相等。

（3）当本国外汇储备规模不足时，很难通过国际融资来弥补。

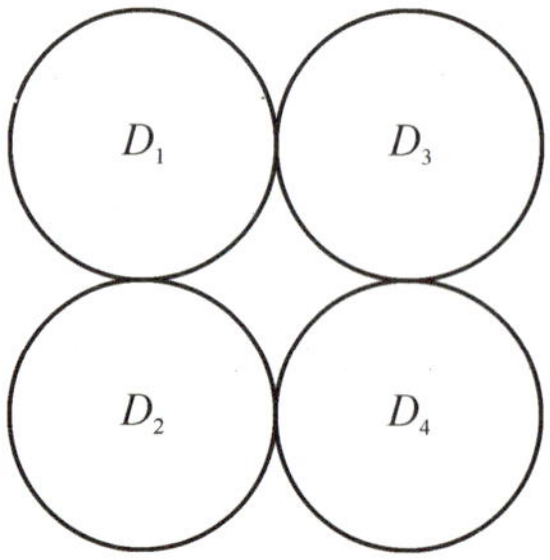

图 3－2　理论规模

基于上述假设，外汇储备的规模就是将各层次的外汇储备需求进行加总（我们将此规模称为理论规模）。如果我们将各层次的需求规模分别视为一个圆的面积，而外汇储备的理论规模即为各个圆面积之和（图 3－2）。

如果将 D_1、D_2、D_3 和 D_4 分别表示基本交易需求、安全稳定需求、信用保证需求及投资盈利需求，D_R 表示理论规模，即直接将各层次外汇储备需求加总而得到的外汇储备规模。根据上述假设，各层次外汇储备需求之间是独立的，即它们之间没有交集，并且当一国外汇储备不足或只能满足部分需求时，只能依次满足基本交易需求、安全稳定需求、信用保证需求及投资盈利需求。因此，可得到度量外汇储备规模的基本模型：

$$D_R = D_1 + D_2 + D_3 + D_4 \tag{3-1}$$

3.2.2　外汇储备的替代效应及动态演进

根据马斯洛需求层次理论，人们的需求不仅有需求的先后顺序，而且还可将各种需求分为高低两级，低层次的需求可能通过外部条件得以满足，而高层次的需求则需要通过内部因素才能满足，并且对高层次的需求是无止境的。并认为，在同一时期，一个人可能有几种需求，但每一时期总有一种需求占支配地位，并对其行为起决定性的作用，而且任何一种需求都不会因为更高层次需求的发展而消失。各层次的需求相互依赖和重叠，高层次的需求发展后，低层次的需求仍然存在，只是对行为影响的程度大大减少。事实上，一国对外汇储备的需求不仅也有需求的先后顺序，而且也可将其从低到高依次划分为不同的需求层次，并且各种层次的外汇储备需求可通过不同的方式得以满足。同样，由于随着外汇储备功能的演变，以及一国在不同发展阶段所面临的内外经济环境的差异，外汇储备发挥的作用是有差别的。当一国的外汇储备能满足高层次的外汇储备需求时，由于在低层次需求中有的需求是“刚性”需求，这种需求并不会由于高层次的需求得到满足而消失，而各层次外汇储备需求之间必然会存在相互替代和重叠。比如，在没有外来金融危机冲击的情况下，一国对外汇储备的需求主要用于满足基本交易需求；当一国面临金融危机的冲击时，外汇储备用于满足安全稳定的需求就显得尤其重要。当外汇储备满足了高层次（比如投资盈利需求）的需求时，低层次的外汇储备需求（比如基本交易需求）仍然存在，只不过是对总规模需求的影响程度相应减少而已。因此，外汇储备各层次需求之间具有明显的替代效应。

从上述分析可知，外汇储备的理论规模是以各层次外汇储备需求相互独立、互不影响为前提的，在计算外汇储备规模时也只需将相应层次的外汇储备进行简单加总即可。虽然这种外汇储备规模的计算方法简单易行，操作性也较强，由于没有考虑外汇储备需求层次之间的替代效应，这种进行简单加总而得到的外汇储备规模必然会因重复计算而“高估”了外汇储备的真实需求规模，因此，上述对外汇储备需求的假设并不完全符合实际。在替代效应下，如何揭示各层次外汇储备需求之间的相互关系和度量它们之间的替代程度具有较大的难度。为此，本书将外汇储备的替代效应分为以下几种情形。

（1）单向替代效应

为了便于分析及使之更符合实际，本书在理论规模假设的基础上进一步假设。

① 外汇储备各需求层次之间并非是相互独立的，即它们之间会因其他层次外汇储备规模的变化而变化，也就是说各层次外汇储备规模之间是相互影响的。

② 一国的外汇储备至少能够满足两个以上外汇储备的需求层次，因为至少要有两个层次才有层次间相互替代的可能，并且这也是一国外汇储备的常态。

③ 各层次外汇储备需求之间的替代是单向的，即存在两个相连层次中上一层次对下一层次替代的情况，而不能是下一层次替代上一层次，也就是说这种替代是单向的、不可逆的。

基于上述假设，本书所谓的单向替代是指，当一国的外汇储备能同时满足两个或两个以上层次的需求时，相连两个层次的外汇储备需求之间存在着上一层次对下一层次的替代效应。由于一国对外汇储备的需求有先后顺序，并从低级的需求向高级的需求依次得到满足，因此，相连两个层次的外汇储备需求之间具有“过渡性”。这种“过渡性”的存在意味着相连外汇储备需求层次之间必然具有某些“共性”，而具有“共性”部分的外汇储备需求只需用原来没有考虑“共性”时的一部分外汇储备需求就可以得到满足。为了更直观地分析外汇储备的单向替代效应，本书将图 3－2 变形为图 3－3。

在图 3－3 中，D_1、D_2、D_3 和 D_4 的含义同上，由于外汇储备各层次需求之间存在替代效应，如果同样用圆的面积来表示各层次的外汇储备需求，则各层次之间的替代效应在图中可表示为各层次之间的交集，即

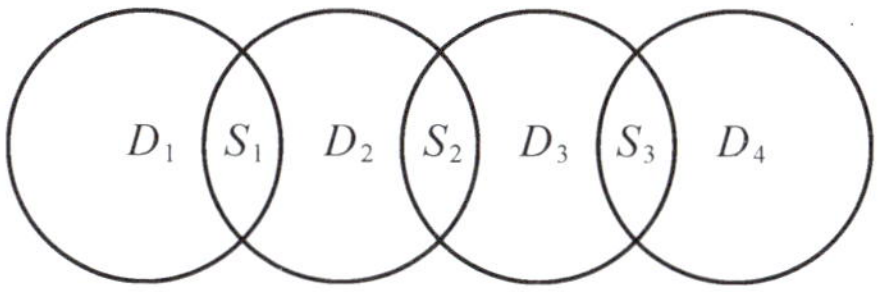

图3-3　单向替代效应

图中的 S_1、S_2 和 S_3，它们分别表示 D_2 替代 D_1 的规模、D_3 替代 D_2 的规模及 D_4 替代 D_3 的规模。D_1、D_2、D_3 和 D_4 按外汇储备需求的程度从低层次向高层次从左到右并列排列，说明各层次外汇储备需求是有先后顺序的，并且当外汇储备能够满足两个或两个以上外汇储备需求层次时，由于上一个层次的需求可作为下一层次需求的“保证”而形成对下一层次需求的替代。因此，在计算外汇储备规模时为了避免重复计算，就要扣除交集部分，即 S_1、S_2 和 S_3 的面积，为此，可得到单向替代效应下的外汇储备需求模型见式(3-2)：

$$\begin{aligned} D_U &= D_R-(S_1+S_2+S_3) \\ &=(D_1+D_2+D_3+D_4)-(S_1+S_2+S_3) \end{aligned} \tag{3-2}$$

其中，D_U 表示外汇储备的单向替代规模。

(2) 多向替代效应

上述单项替代效应是基于各层次的外汇储备需求具有先后顺序及它们之间替代的单向性为前提的。进一步分析发现，在单向替代效应下，由于各层次外汇储备需求之间，从低一层次向高一层次的“过渡性”而存在的相连层次外汇储备需求之间的“共性”，也意味着相连层次之间的外汇储备需求是可以相互替代的、可逆的，因此，我们将这种替代效应称为多向替代效应。这种多向替代又可分为两种情况：一是当一国的外汇储备能满足各层次的需求时，各层次外汇储备需求之间可以是较高层次的外汇储备需求替代较低层次的外汇储备规模，也可以是较低层次的外汇储备规模替代较高层次的规模。比如，当一国外汇储备充足时，较低层次的外汇储备需求由于有较高层次的外汇储备需求规模作为“保证”，一旦低层次的外汇储备需求不足时，就会有上一层次的外汇储备来补充，从而使处于较低层次的外汇储备需求相应地减少。二是当一国外汇储备不能满足各层次的需求时，虽然存在需求的先后顺序，但该国往往不会将所有的外汇储备都用以“充分”满足低层次的需求，由于各层次需求之间存在“共性”，低层次的外汇储备需求将会有一部分用于满足上一层次外汇储备需求中的“共性”部分，而且这种各层次外汇储备需求的“共性”之间又会有新的“共性”，进而这种“共性”就被扩展为多层次外汇储备需求之间的“共性”。因此，当外汇储备需求不足时，往往会通过各种方式减少较低层次外汇储备的需求而部分地满足较高层次的外汇储备需求。比如，当一国的外汇储备只能满足基本交易需求时，由于预防外来冲击和防止外汇市场波动的需要，外汇管理当局往往会通过减少基本交易的需求(如减少进口需求)的方式将“节约”出来的外汇储备用于满足更高层次的需求。同样，我们也可将外汇储备的多向替代效应用图加以说明见图3-4。

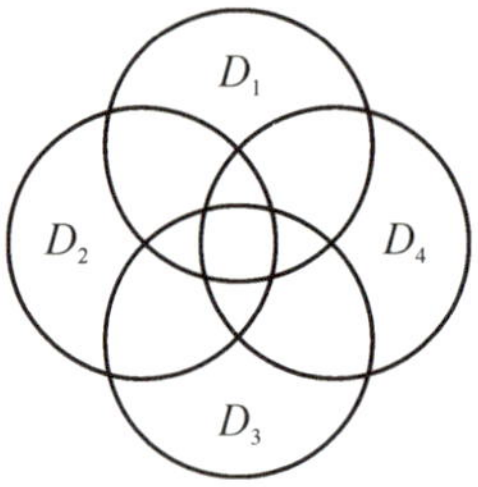

图3-4　多向替代效应

在图3-4中，D_1、D_2、D_3和D_4分别表示基本交易需求、安全稳定需求、信用保证需求及投资盈利需求。如果用交集表示各层次外汇储备之间的替代规模，则S_1、S_2、S_3、S_4、S_5和S_6分别表示D_1与D_2、D_2与D_3、D_3与D_4、D_1与D_3、D_1与D_4、D_2与D_4之间的替代规模，即它们之间的交集。① 因此，在多向替代的情况下，外汇储备各层次需求之间都有共同的部分(交集)，即任何两个外汇储备需求层次之间都存在一

① 由于多项替代效应较为复杂，为了避免混乱，本书没有将各层次之间的替代规模用相应的符号表示在图中。

定程度的替代效应，这是它与单项替代的最大区别。[①] 可见，外汇储备各需求层次之间的相互替代与单向替代相比替代的程度进一步加强，这主要表现在跨层次的替代效应上，这也说明由于跨层次的替代效应的存在使一国对外汇储备的需求规模比只存在单向替代效应时又进一步缩小。因此，我们在计算外汇储备的多向替代规模时只需在单向替代规模的基础上减去跨层次替代的规模即可，因此，我们可以得到基于多向替代的外汇储备规模测度模型。

$$\begin{aligned} D_M &= D_U - (S_4 + S_5 + S_6) \\ &= D_R - (S_1 + S_2 + S_3) - (S_4 + S_5 + S_6) \\ &= (D_1 + D_2 + D_3 + D_4) - (S_1 + S_2 + S_3 + S_4 + S_5 + S_6) \end{aligned} \tag{3-3}$$

式中，D_M 为外汇储备的多向替代规模。

(3) 动态替代效应

这是一种特殊的情形。由于多向替代效应是外汇储备各需求层次之间相互并跨层次替代的结果，其隐含了各层次外汇储备之间只能部分替代而不能完全替代的假设前提。事实上，随着金融市场的不断完善，电子交易的发展，交易工具的多样化及交易效率的提高，外汇储备各需求层次之间的相互转化和替代也变得轻而易举，因此，外汇储备各层次之间的替代效应在不断加强。其结果是导致外汇储备各需求层次之间的"共性"逐渐增加，并使各层次之间的界限不再明显，甚至最终消除。在此情况下，我们可将一国对外汇储备的需求视为对一个"整体"外汇储备的需求，而不再是各层次外汇储备需求的简单加总。需要说明的是，

① 一般来说，由于相连层次之间的替代效应与不相连层次之间的替代效应相比有更多的"共性"，因此，相连层次之间的替代效应要强于不相连层次之间的替代效应。为了便于分析，在图中并没有对替代程度加以区分。

外汇储备需求层次之间界限的最终消除，并不意味着对外汇储备需求层次的划分没有意义。恰恰相反，得出外汇储备“整体”需求的结论正是以外汇储备需求层次的划分为前提，并以各层次外汇储备需求之间的替代效应深入分析为基础，在此基础上进行理论推导的结果，并可将此过程视为一个从基于外汇储备层次划分的简单外汇储备规模到较为复杂的单向替代效应规模，再到更为复杂的多项替代规模，最后得出表面上简单但包含替代关系极为复杂的动态替代规模。因此，本书所指的动态替代规模是假设各层次外汇储备之间是相互影响、它们之间的替代可以是多向的（可以不按需求的先后顺序）的前提下的外汇储备各层次之间的替代规模。

由上述分析，我们可将外汇储备的动态替代规模描述为，随着外汇储备功能的演变及不同时期外汇储备发挥的作用不同，外汇储备的最优规模就近似于当期外汇储备各层次需求中需求量最大层次的规模。因为只有当满足了最大层次的外汇储备需求时，才能通过最大层次的外汇储备规模替代和满足相对较小的外汇储备规模，从而实现动态的替代。相反，如果外汇储备只能满足当期相对较小层次的外汇储备需求，这时即使将该层次中所有的外汇储备需求都用于满足其他层次的需求，显然不能满足比它自身更大的外汇储备需求层次，其结果必然表现为一国外汇储备需求的不足，因此，在这种情况下外汇储备规模并不是最优规模。外汇储备的最优规模随着各需求层次外汇储备规模的变化而变化，其最优规模也由当期需求量最大的外汇储备需求层次的规模动态决定。

更进一步，我们可将基于外汇储备动态替代效应的外汇储备规模的“整体”需求视为外汇储备的“准备金”，因为外汇储备可视为一国对外汇储备需求的“保证”，而外汇储备正是用于满足各层次的外汇储备需求。因此，当各外汇储备需求层次产生需求时，可由外汇储备准备金动态得到满足。为了说明外汇储备的动态规模效应，用图 3－5 加以说明。

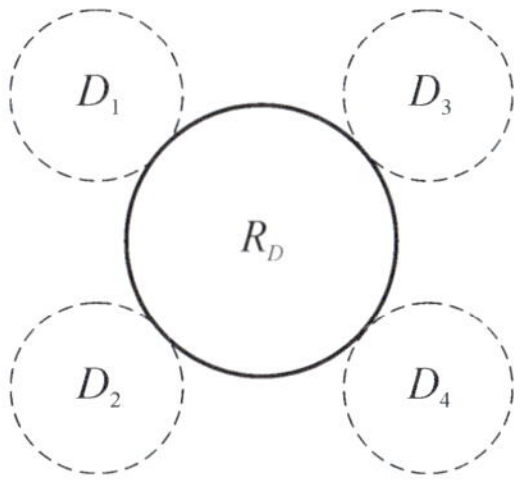

图 3－5　动态替代效应

在图 3－5 中，R_D 表示外汇储备的动态替代规模，D_1、D_2、D_3 和 D_4 的含义同上。由于各层次外汇储备需求之间的界限不再明显，因此，在图中用虚线表示，并可将 R_D 视为各层次外汇储备需求的准备金，即当存在某一层次或几个层次的外汇储备需求时就可用部分或全部外汇储备准备金 R_D 满足它们。并且由于动态替代效应的存在，外汇储备准备金的规模就是各层次中对外汇储备需求最大的那一个层次的规模，而这个层次的需求规模由于可动态地满足其他层次的外汇储备需求，因此，该层次的外汇储备规模就可视为是全部外汇储备的准备金。这不仅说明外汇储备的准备金规模随着外汇储备需求层次的变化而变化，当一国所面临的经济环境发生变化时，外汇储备的各层次需求规模也会发生变化，从而使外汇储备的准备金发生相应地变化。而且外汇储备的准备金规模并不固定在某个层次的外汇储备规模上，而是随着各层次外汇储备规模的变化而变化。因此，在动态替代效应下，外汇储备的规模由各层次外汇储备规模中对外汇储备需求最大的层次决定。基于上述分析，可得到外汇储备动态替代效应下的外汇储备测度模型：

$$R_D = D_1 \text{or} D_2 \text{or} D_3 \text{or} D_4 \tag{3-4}$$

在式(3－4)中，or 表示各外汇储备需求层次之间的一种关系，即在动态替代效应下，一国外汇储备的需求可由各需求层次中任意一个需求规模最大的层次动态决定。可见，运用准备金分析法是由于准备金是各外汇储备需求层次存在“共性”前提下动态替代效应的结果，并可将准备金用于满足各层次的外汇储备需求。因此，基于准备金思想的外汇储备管理不仅可以“节约”外汇储备，而且有助于提高外汇储备的使用效率，并可为一国外汇储备的管理提供一种新的思路。

3.2.3 外汇储备最优规模与适度区间的界定

针对目前理论界将最优规模与适度规模混用的情况，本书有必要对两个概念进行界定。我们认为，外汇储备的最优规模应该是指一国的外汇储备处于一个既能满足各种需求又能减少持有成本和风险状态最低时的规模，因此，它是一个具体的数值。外汇储备的适度区间是指一国外汇储备规模处于一个相对合理的范围内，因而它是一个范围的概念。可见两者是有明显区别的。

从上文得出的几种外汇储备测度模型可知，如果分别计算它们的外汇储备规模，其规模可从大到小依次为理论规模、单向替代规模、多向替代规模及动态替代规模。其中，由于理论规模是将各层次外汇储备需求的直接加总，由于没有替代效应，它对外汇储备的需求规模是最大的，因此它是一国外汇储备的最大规模。而外汇储备的单向替代规模和多向替代规模是外汇储备需求规模在替代效应下由理论规模“过渡”到动态规模的两种情形，只不过是多向替代规模的替代效应要大于单向替代规模，从而多向替代规模要小于单向替代规模，并且它们都大于动态规模小于理论规模，因此，可将这两种替代效应规模视为过渡规模。而我们最关心的应是外汇储备的动态替代规模，由于它是上述四种外汇储备规模中对外汇储备需求最小的规模，也就是说它是可以用最小的外汇储备规模来满足各种外汇储备的需求，它是最“节约”和最“经济”的外汇储备规模，因此它是最优的外汇储备规模。

更进一步，可将外汇储备的最大规模（理论规模）和最小规模（动态规模）分别作为一国外汇储备的适度区间的上限和下限而确定外汇储备的适度区间。因此，当外汇储备小于最大规模而大于最优规模时，一国的外汇储备规模就是适度的。而当外汇储备大于理论规模时，一国就存在超额外汇储备规模。虽然外汇储备管理的目标应是追求最优规模，但事实上一国外汇储备规模经常处于非最优状态，而处于最优规模的状态是偶然的。因此，只要一国的外汇储备规模处于适度区间内，就应认为是合理的。

3.3 数据与变量

3.3.1 数据说明

考虑到研究对象的特点、数据的可得性、外汇政策及不同频度数据研究外汇储备的优缺点，本书的样本数据选择年度数据。其原因在于：一是由于外汇储备在短期内波动的幅度不大，并且一国一旦形成增长和下降的趋势将会持续一段时间；二是外汇储备相关的季度和月度指标存在季节性波动，并且有的季度和月度数据难以获得；三是结合我国的实际情况，在样本区间的选择上，样本区间不宜过长，因为过长的样本区间可能受到不同因素的影响而缺乏可比性，同时要考虑影响外汇储备的制度性因素，由于我国在 1994 年实行外汇体制改革以来，对我国外汇储备产生了重要的影响，并在此后外汇储备持续增长，因此，选择的样本区间是 1994 至 2011 年。除有特别说明外，本书的数据来源于各年度《中国统计年鉴》、《中国金融年鉴》、中国人民银行、国家外汇管理局、世界银行网站及其相关公告。

3.3.2 指标选择与定义

根据式(3－1)，由于 $D_R = D_1 + D_2 + D_3 + D_4$，即外汇储备的理论规模 D_R 分别由基本交易需求 D_1、安全稳定需求 D_2、信用保证需求 D_3 及投资盈利需求 D_4 共同决定，而各层次外汇储备需求又由不同的因素决定，因此，我们在进行实证检验和测度最优外汇储备和适度区间之前，必须要先定义影响外汇储备需求的各项指标。

(1) 基本交易需求 D_1

由于基本交易需求是一国为了满足日常经济交往的外汇储备需求，它是一国必须优先得到满足的外汇储备需求，因此，它是一国“生存性”的需求，也是各外汇储备需求层次中最低层次的需求。它主要包括一国一定时期内进口商品和服务所需的外汇储备需求及外商直接投资的利润回流需求两个部分。因此，

$$D_1 = \alpha_1 IMP + \alpha_2 FDI \tag{3-5}$$

式中 IMP——一国在一定时期内(通常为一年)从国外进口的商品和服务的总额；

FDI——外商在一国直接投资的累计余额；

α_1——一国为了维持正常进口所需的外汇储备支付需求占该国进口商品和服务总额的比率(进口支付周转率)。

根据国际经验，如果一国的外汇储备需求能满足该国三个月的进口需求，则可满足该国全年进口的外汇储备需求。按此标准我国进口的外汇储备需求应为全年进口总额的 25%，考虑到样本区内我国多数年份有超额外汇储备，加之替代效应的存在，可将该比率定为 20%；α_2 表示外商直接投资企业的利润汇出率(FDI 利润汇出率)，即外资企业在一定时期内(通常为一年)汇往国外的利润占该国外商直接投资总额的比率。根据世界银行的测算，20 世纪 90 年代发展中国家 FDI 投资的平均收益率为 16%～18%，国际货币基金组织(IMF)测算的跨国公司在中国的投资收益率为 13%～14%，考虑到中国经济高速增长的实际，中国的 FDI 利润汇出率为 14%较为合理。

(2) 安全稳定需求 D_2

安全稳定需求是一国为了维护金融安全与稳定，防范和化解金融风

险而产生的外汇储备需求。随着国际间交往的频繁，以及经济金融全球化步伐的加快，影响金融安全的因素也愈加复杂，近年来，金融危机的频发使世界各国充分认识到保持金融安全与稳定的重要性。与此同时，随着外汇储备功能的不断演变，外汇储备在维护一国金融安全与稳定及防范金融风险中的特殊作用日益显现，因此，外汇储备已成为维护金融安全稳定的重要保证。一般来说，影响金融安全的因素主要有：汇率水平、金融制度、外汇市场波动状况、国际资本流动规模、本币国际化程度、利率水平、外债负担、通货膨胀水平及政治因素等。本书在选择影响金融安全稳定需求的指标时主要基于以下几个标准：一是影响外汇储备程度的大小，影响大的因素优先考虑；二是影响外汇储备经常性的因素，经常性的因素优先考虑；三是考虑到数据的可得性，能进行定量分析的因素优先考虑；四是尽量避免被选择要素之间相关性较强而导致对外汇储备需求的重复计算。基于上述标准，本书选择外债负担（DEB）、跨境资本流动（ICP）及外汇市场交易量（FET）等几个指标。由此可得到

$$D_2 = \alpha_3 DEB + \alpha_4 ICP + \alpha_5 FET \tag{3-6}$$

式(3－6)中，α_3 表示外债偿付率，即一国在一定时期内需偿付的外债占该国全部外债总额的比率；根据我国多年的实践经验及相关测算，我国的外债偿付率在 9%～15%间，虽然我国的外债规模大多数年份处于安全范围之内，特别是近年来拥有大量的外汇储备支持，但从世界范围来看，债务危机发生的频率越来越高，传染性也越来越强，因此外债偿付率应有所提高，因此，将其确定为 20%；α_4 表示跨境资本流动率，即在国际收支平衡表金融与资本账户中的不同类型资本内流与外流总量之和与 GDP 的比率。该比率是用以衡量一国金融安全的重要指标，它的高低与外汇储备的需求成正比，即跨境资本流动的规模越大，对一国金

融安全的冲击也就越大，用于预防由此造成的金融风险的外汇储备也就越多，相反则越少。α_5 表示外汇市场波动程度，即当一国外汇市场激烈波动时用以干预外汇市场波动所需的外汇储备与外汇市场交易量之间的比率。为了应对外汇市场的激烈波动，中央银行往往会通过公开市场操作来干预外汇市场，但这同时会以人民币外汇占款的形式增加基础货币的投放量，从而作为基础货币的支持资产就成为对外汇储备需求最大的影响因素。因此，本书用外汇市场交易量与 M_2 的比率来衡量外汇市场波动程度。

（3）信用保证需求 D_3

由于信用保证需求是一国为了增加公众对本国经济和货币当局的信心而产生的外汇储备需求，并且这种“保证信心”在当今世界各国外汇储备管理中的地位越来越重要，甚至将它看作是外汇储备管理的核心。由于影响公众信心的因素也很多，并且很难用定量的方法进行度量，目前理论界一般通过定性的方法进行估计。但由于定性方法主观性强而准确性不高，因此有明显的缺陷。事实上，一国外汇储备的信用保证需求可通过对一国经常项目和资本项目两大账户的结构及变化趋势的分析来确定，并且由于一国外汇储备的基本交易需求主要反映在经常项目的变动上，而外汇储备的安全稳定需求主要反映在资本和金融项目的变化上。因此，一国外汇储备的信用保证需求可由基本交易需求 D_1 和安全稳定需求 D_2 共同决定。在此可得到

$$D_3 = \alpha_6(D_1 + D_2) \tag{3-7}$$

其中，如果用 R_R 表示实际外汇储备规模，则 α_6 表示实际外汇储备规模 R_R 与广义货币供应量 M_2 的比率（即 R_R/M_2）。已有的研究表明，该指标可用于预测一国金融危机发生的可能性，并认为 R_R/M_2 比值较高可增强公众对本国货币的信心。Calvo（1996）也认为，由于该比率可

用以度量一国居民对外国资产的潜在需求，因此，它也是检测实行钉住汇率制国家是否持有充分外汇储备的适当指标。

(4) 投资盈利需求 D_4

投资盈利需求是指在保证一国外汇储备安全性、流动性的前提下，利用外汇储备在国际金融市场上进行投资或进行风险管理而产生的外汇储备需求。由于投资盈利需求在各外汇储备需求层次中是最高层次的需求，因此一国外汇储备要满足投资盈利需求需满足两个条件：一是一国持有充足的外汇储备，即满足其他层次的外汇储备需求后还有剩余，这样才能将剩余的外汇储备用于满足投资盈利；二是要考虑外汇储备的机会成本与投资收益，如果持有超额外汇储备的机会成本大于投资收益，则一国就会减少对外汇储备的投资需求，相反如果机会成本小于投资收益，则会增加一国对外汇储备的需求。因此，外汇储备的投资盈利需求 D_4 可表示为

$$D_4 = -\alpha_7(R_R - D_1 - D_2 - D_3) \tag{3-8}$$

其中，R_R 为外汇储备实际规模；α_7 表示持有外汇储备的机会成本，即投资收益率 I_r 与储备收益率 R_r 之差。根据世界银行和 IMF 的估计，20 世纪 90 年代以来绝大多数发展中国家的资本边际收益率通常在 10%～20%之间，而我国这一比率则高达 20%。由于考虑到安全的因素，我国当前的外汇储备主要以外国国债的形式持有，但收益率只有 2%～3%。与此同时，由于外国货币(特别是美元)不断贬值，我国持有外币资产的风险在不断加大，从而使我国外汇储备面临“双缩水”的风险。因此，扣除当前外汇储备的外国国债投资收益和其他投资收益，即使是保守的估计，我国外汇储备的机会成本也为 7%左右。由于如果一国持有超额外汇储备的机会成本大于 0，即当 D_4 小于 0 时，该国就不会形成对超额外汇储备的需求。因此，在式(3-8)中 $-\alpha_7$ 表示机会成本

大于 0 时一国对外汇储备的负需求。

综上所述，我们可得到外汇储备的理论规模 D_R 的计算公式

$$\begin{aligned} D_R &= D_1 + D_2 + D_3 + D_4 \\ &= \alpha_1 IMP + \alpha_2 FDI + \alpha_3 DEB + \alpha_4 ICP + \alpha_5 FET \\ &\quad + \alpha_6 (D_1 + D_2) - \alpha_7 (R_R - D_1 - D_2 - D_3) \end{aligned} \tag{3-9}$$

3.4 实证分析

通过对影响外汇储备最优规模的因素分析表明，无论是外汇储备的理论规模还是最优规模都是由各层次的外汇储备需求决定的，而影响外汇储备需求的因素也就必然成为影响外汇储备规模的因素。在构建静态和动态外汇储备模型时，虽然考虑了一些影响外汇储备需求的因素，但在建立模型时仅仅通过定性分析的方法来确定这些影响因素。定性的分析方法虽然可以初步判断外汇储备最优规模及其影响因素之间的关系，但不能准确刻画它们之间的相关性。为了进一步揭示这些因素与外汇储备最优规模之间的相互关系及内在机理，同时检验理论模型的可靠性，因此有必要对其进行实证检验。

3.4.1 检验方法及计量模型

首先对各变量进行 ADF 单位根检验，并对各影响因素与外汇储备规模之间的相关性进行协整及格兰杰因果关系检验。根据上述分析，将影响外汇储备规模的主要因素全年进口额，外商投资累计余额，累计外债余额，跨国资本流动及外汇市场交易量作为自变量，将外汇储备规模 R_R 作为因变量，从而构建如下计量经济模型：

$$LNR_R = C + \beta_1 LNIMP + \beta_2 LNFDI + \beta_3 LNDEB + \beta_4 LNICP + \beta_5 LNFET + \varepsilon$$

其中，C 为常数项；R_R 为外汇储备；IMP 为全年进口额；FDI 为外商投资累计余额；DEB 为累计外债余额；ICP 为跨国资本流动；FET 为外汇市场交易量；ε 为随机变量。

3.4.2　检验过程

（1）ADF 单位根检验

一般来说，在做协整检验之前，必须对各变量进行单位根检验，并据此判断各变量的平稳性。通过粗略地观察，我们发现各变量的时间序列数据并不平稳，在此，为了将数据转换为间距较小的数据，同时便于后面对变量进行差分，将各变量的数据取对数，然后对新变量进行平稳性检验。我们采取 ADF(Augment Dikey-Fuller)单位根检验法，检验结果如表 3－1 所示。

表 3－1　变量单位根检验(ADF)结果

变　量	检验形式 (I, T, P)	ADF 检验值	临界值（1%显著性水平）	临界值（5%显著性水平）	结　论
LNR_R ΔLNR_R	(I, N, 1) (I, N, 1)	−0.011 358 −3.251 023	−3.951 480 −4.004 425	−3.081 002 −3.098 896	不平稳 平稳*
$LNIMP$ $\Delta LNIMP$	(I, N, 1) (I, N, 1)	0.501 898 −3.231 721	−3.920 350 −3.959 148	−3.065 585 −3.081 002	不平稳 平稳*
$LNFDI$ $\Delta LNFDI$	(I, N, 1) (I, N, 1)	0.466 486 −3.313 768	−3.920 350 −3.959 148	−3.065 585 −3.081 002	不平稳 平稳*
$LNDEB$ $\Delta LNDEB$	(I, N, 1) (I, N, 1)	0.710 647 −4.401 421	−3.920 350 −3.959 148	−3.065 585 −3.081 002	不平稳 平稳

续 表

变 量	检验形式 (I, T, P)	ADF 检验值	临界值 (1%显著性水平)	临界值 (5%显著性水平)	结 论
LNICP Δ*LNICP*	(I, N, 1) (I, N, 1)	−0.063 745 −3.829 803	−3.920 350 −4.057 910	−3.065 585 −3.119 910	不平稳 平稳*
LNFET Δ*LNFET*	(I, N, 1) (I, N, 1)	0.118 315 −4.244 236	−3.920 350 −4.004 425	−3.065 585 −3.098 896	不平稳 平稳

注：1. 检验形式中的 I 和 T 表示常数项和趋势项，P 表示是根据 AIC 原则确定的滞后阶数，N 表示检验方程中此处对应项不存在。
2. 当 ADF 值大于临界值时说明序列不平稳，* 表示在 5%显著性水平下平稳，无标志说明在 1%显著性水平下平稳。
3. Δ 表示对变量进行一阶差分或二阶差分。

（2）协整检验

通常，进行协整检验的方法主要是 Engle 和 Granger 提出的 EG 两步法。这种方法在对两个以上的变量进行协整检验时存在明显的缺陷：如果把不同的变量作为被解释变量时，检验的结果可能会得出不同的协整向量。为了克服这个缺陷，我们采用一种由 Johansen 和 Juselius 于 1990 年提出的多变量的协整检验方法——Johansen 检验法或者称为 JJ 检验法。这种方法的优点在于它不仅克服了 EG 两步法的缺陷，而且在做多变量检验时还可以更为精确的检验出协整向量的数目。在此，我们假定协整检验的判断准则是：迹检验统计量大于临界值，则拒绝原假设（H_0），接受备择假设（H_1），反之亦然。检验结果见表 3－2。

表 3－2　协整关系的 Johansen 检验结果

检验变量	特征值	迹检验统计量	5%显著性水平临界值	Prob	结 论
LNR_R	0.678 388	17.409 41	15.494 71	0.025 4	没有
LNIMP	0.025 876	0.393 248	3.841 466	0.530 6	有

续　表

检验变量	特征值	迹检验统计量	5%显著性水平临界值	Prob	结　论
LNFDI	0.059 337	0.917 555	3.841 466	0.338 1	有
LNDEB	0.039 366	0.602 434	3.841 466	0.437 6	有
LNICP	2.14E-05	0.000 320	3.841 466	0.987 8	有
Δ*LNFET*	0.007 406	0.111 499	3.841 466	0.738 4	有

从表 3-2 可知，变量 LNR_R 与全年进口额 *IMP*，外商投资累计余额 *FDI*，累计外债余额 *DEB*，跨国资本流动 *ICP* 及外汇市场交易量 *FET* 之间存在协整关系，即它们之间存在长期均衡关系。

(3) 格兰杰因果检验

上述协整检验表明，虽然各变量之间存在协整关系，但这并不能判断它们之间的这种均衡关系能否构成因果关系及其方向，因此，这就需要运用格兰杰因果关系检验对其进行进一步的检验。格兰杰因果关系检验的判定准则是：依据平稳性检验中的滞后期选定样本检验的滞后期，根据输出结果的 P-值判定存在因果关系的概率。检验结果见表 3-3。

表 3-3　各因素变量之间格兰杰因果关系检验

检验变量	原假设	滞后期	F-统计量	P-值	结　论
LNR_R *LNIMP*	*LNIMP* 不是 *LNRR* 的格兰杰原因	1	30.348 2	0.000 1	*LNIMP* 是引起 *LNRR* 变动的格兰杰原因，但 *LNRR* 不是引起 *LNIMP* 变动的格兰杰原因
	LNRR 不是 *LNIMP* 的格兰杰原因		0.194 23	0.666 7	
	LNIMP 不是 *LNRR* 的格兰杰原因	2	8.389 79	0.007 3	
	LNRR 不是 *LNIMP* 的格兰杰原因		0.362 59	0.704 7	

续　表

检验变量	原假设	滞后期	F-统计量	P-值	结论
LNR_R LNFDI	*LNFDI* 不是 *LNRR* 的格兰杰原因 *LNRR* 不是 *LNFDI* 的格兰杰原因 *LNFDI* 不是 *LNRR* 的格兰杰原因 *LNRR* 不是 *LNFDI* 的格兰杰原因	1 2	0.770 74 3.610 10 1.641 58 2.876 63	0.395 9 0.079 8 0.241 8 0.103 1	*LNFDI* 是引起 *LNRR* 变动的格兰杰原因，但 *LNRR* 不是引起 *LNFDI* 变动的格兰杰原因
LNR_R LNDEB	*LNDEB* 不是 *LNRR* 的格兰杰原因 *LNRR* 不是 *LNDEB* 的格兰杰原因 *LNDEB* 不是 *LNRR* 的格兰杰原因 *LNRR* 不是 *LNDEB* 的格兰杰原因	1 2	0.023 66 7.448 28 2.073 44 2.405 99	0.880 1 0.017 2 0.176 5 0.140 3	*LNDEB* 是引起 *LNRR* 变动的格兰杰原因，但 *LNRR* 不是引起 *LNDEB* 变动的格兰杰原因
LNR_R LNICP	*LNICP* 不是 *LNRR* 的格兰杰原因 *LNRR* 不是 *LNICP* 的格兰杰原因 *LNICP* 不是 *LNRR* 的格兰杰原因 *LNRR* 不是 *LNICP* 的格兰杰原因	1 2	0.028 14 4.631 81 0.088 42 6.866 32	0.869 4 0.050 8 0.916 1 0.013 3	*LNICP* 是引起 *LNRR* 变动的格兰杰原因，但 *LNRR* 不是引起 *LNICP* 变动的格兰杰原因
LNR_R LNFET	*LNFET* 不是 *LNRR* 的格兰杰原因 *LNRR* 不是 *LNFET* 的格兰杰原因 *LNFET* 不是 *LNRR* 的格兰杰原因 *LNRR* 不是 *LNFET* 的格兰杰原因	1 2	4.769 57 0.676 53 2.637 70 7.367 93	0.047 9 0.425 6 0.120 2 0.010 8	*LNFET* 是引起 *LNRR* 变动的格兰杰原因，但 *LNRR* 不是引起 *LNFET* 变动的格兰杰原因

根据表 3－3 可知，全年进口额 *IMP*，外商投资累计余额 *FDI*，累计外债余额 *DEB*，跨国资本流动 *ICP*，外汇市场交易量 *FET* 是外汇储备实际规模 R_R 的格兰杰原因，而外汇储备 R_R 不是全年进口额 *IMP*，外商投资累计余额 *FDI*，累计外债余额 *DEB*，跨国资本流动 *ICP*，外汇市场

交易量 FET 的格兰杰原因。

3.4.3　各变量与外汇储备规模之间的长期均衡关系

从以上检验可知，全年进口额 IMP、外商投资累计余额 FDI、累计外债余额 DEB、跨国资本流动 ICP、外汇市场交易量 FET 五个变量是引起外汇储备实际规模 R_R 的原因，它们之间存在长期均衡关系。下面分别以 $LNRR$ 为被解释变量，以 $LNIMP$、$LNFDI$、$LNDEB$、$LNICP$ 及 $LNFET$ 为解释变量进行 OLS 估计，得到如下回归方程：

$$
\begin{aligned}
LNR_R = &-8.6517 + \underset{(1.2184)}{} 0.3176LNIMP + 0.8027LNFDI \\
&\quad (1.2184) \qquad (0.2253) \qquad\qquad (0.4341) \\
&+ 1.0122LNDEB + 0.2122LNICP - 0.0361LNFET \\
&\quad (0.3970) \qquad\qquad (0.1329) \qquad\qquad (0.1266) \\
&R^2 = 0.9948,\ \overline{R^2} = 0.9924 \quad D-W = 1.9146
\end{aligned}
$$

结果表明，全年进口额 IMP、外商投资累计余额 FDI、累计外债余额 DEB 及跨国资本流动 ICP 变量对外汇储备规模 R_R 的影响较为显著，并且它们与外汇储备规模 R_R 呈正相关关系，这说明它们是我国外汇储备最优规模的决定因素。其中，在华外资企业利润回流及支付外债所需的外汇储备对我国外汇储备的影响最为明显。这也表明，它们对外汇储备的需求是长期持续的也是刚性的。而中央银行在我国金融市场波动时用于稳定金融市场的外汇储备需求对全部外汇储备的影响并不明显，但这或许可据此说明我国由于资本市场还不成熟，金融市场的开放度还不高，资本项目也尚未完全开放，从而金融市场受到的外来冲击还有限。因此，中央银行用于干预外汇市场所需的外汇储备就相对较少，随着我国金融市场的逐步完善及对外开放的进一步深入，用于稳定外汇市场所需的外汇储备将会随之增加。

根据上述分析可知，以上的检验结果完全符合理论模型的假定，说明选择的影响外汇储备规模的指标能较好地解释外汇储备规模的变化，因此，外汇储备规模的理论模型是可靠的，并可将其用于测度我国外汇储备最优规模。

3.5 外汇储备规模的测度及分析

由于外汇储备的理论规模和动态替代规模分别代表外汇储备的最大规模和最小规模，而单向替代规模和多向替代规模是理论规模向动态规模演化过程中的过渡规模，并且单向替代规模大于多向替代规模，它们的规模都小于理论规模而大于动态规模，因而它们的规模处于以理论规模和动态替代规模分别为上下限的适度区间内。因此，在测度外汇储备的最优规模和适度区间时，也就没有必要再去测度单向替代规模和多向规模，只需测度出理论规模和动态替代规模，就可得出外汇储备的最优规模和适度区间。为此，我们可先根据式(3－5)、式(3－6)、式(3－7)及式(3－8)计算出 D_1、D_2、D_3 及 D_4 各层次的外汇储备规模，并在此基础上根据式 3－9 测算出外汇储备的理论规模 D_R，进而测算出最优规模 D_O 及超额规模 D_A，计算结果见表 3－4。

表 3－4　外汇储备规模的测度结果　　单位：亿美元

年份	基本交易需求 D_1	安全稳定需求 D_2	信用保证需求 D_3	投资盈利需求 D_4	最优规模 D_O	理论规模 D_R	超额规模 D_A
1994	278.49	294.40	44.12	7.06	294.40	617.01	221.80
1995	316.69	360.46	57.42	−0.10	360.46	734.57	375.51
1996	336.08	394.02	70.54	−17.48	394.02	800.64	656.27
1997	348.10	540.86	95.66	−29.00	540.86	984.62	858.04

续　表

年份	基本交易需求 D_1	安全稳定需求 D_2	信用保证需求 D_3	投资盈利需求 D_4	最优规模 D_O	理论规模 D_R	超额规模 D_A
1998	344.13	572.13	88.97	−31.11	572.13	1 005.23	877.46
1999	387.85	564.05	85.96	−35.62	564.05	1 037.86	982.70
2000	507.18	552.22	91.22	−35.36	552.22	1 150.61	1 103.52
2001	552.73	651.19	112.95	−56.33	651.19	1 316.87	1 470.46
2002	664.18	850.38	164.13	−82.98	850.38	1 678.68	2 013.69
2003	900.43	1 439.67	298.59	−97.57	1 439.67	2 638.69	2 592.84
2004	1 207.34	2 718.42	659.61	−105.98	2 718.42	4 585.38	3 380.90
2005	1 404.36	3 547.64	950.12	−160.06	3 547.64	5 902.12	4 641.08
2006	1 671.15	6 031.19	1 663.57	−90.83	6 031.19	9 365.91	4 632.25
2007	2 016.58	8 972.68	2 913.93	−96.55	8 972.68	13 903.18	6 309.81
2008	2 394.47	7 573.77	2 857.72	−464.40	7 573.77	12 825.96	11 886.53
2009	2 137.25	7 755.71	2 722.65	−796.31	7 755.71	12 615.60	16 235.81
2010	2 937.64	11 128.39	3 864.32	−738.01	11 128.39	17 930.35	17 344.99
2011	3 649.40	12 442.38	3 787.02	−835.29	12 442.38	19 878.80	19 369.10

注：1. 由于我国外汇储备的机会成本大于 0，因而对外汇储备的需求为 0 或者负需求，从而在样本区内并未形成对外汇储备的真实需求，因此，外汇储备的理论规模不包含投资盈利需求，即 $D_R = D_1 + D_2 + D_3$；

2. 由于外汇储备的最优规模是存在完全替代效应的动态规模，因此最优规模为各层次外汇储备需求的最大值。

3. 外汇储备的超额规模 D_A = 实际规模 R_R − 最优规模 D_O。

3.5.1　各层次外汇储备需求的分析

从各层次外汇储备需求的总体变化来看，从 1994 年以来，除投资盈利需求外各层次外汇储备呈现不断增加的趋势，从而使我国的外汇储备总需求持续增加（图 3－6）。

其中，基本交易需求 D_1 从 1994 年的 278.49 亿美元增加到 2011 年的 3 649.40 亿美元，增长 13.1 倍，年均增长 72.80%。基本交易需求的

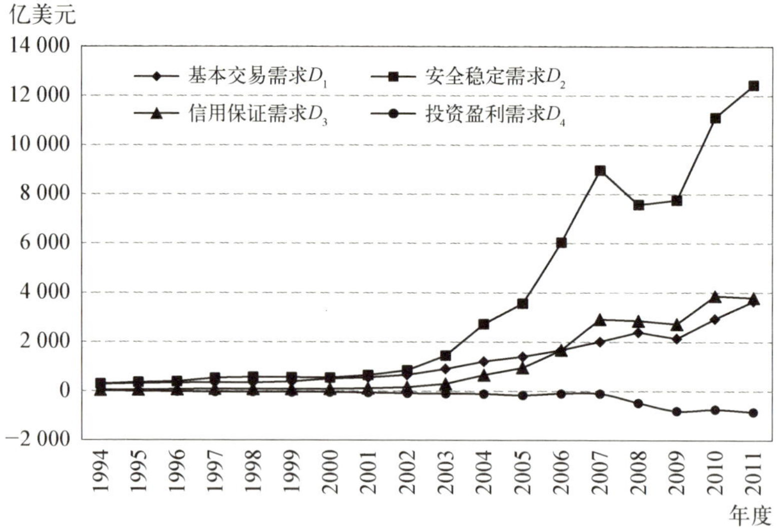

图 3－6 外汇储备需求层次变化

持续增长主要是我国进口数量的不断增加和外商直接投资企业利润汇出逐年增加的结果，但因受美国金融危机的影响，在 2008 年后增速有所回落。安全稳定需求 D_2 从 1994 年的 294.40 亿美元增加到 2011 年的 12 442.38 亿美元，增长 42.26 倍，年均增长 234.80%，它从 2000 年开始加速上升，并于 2007 年达到一个阶段性高点后，同样由于受金融危机的影响，在 2008 年和 2009 年有所回落，但 2010 年又重拾升势。进一步分析发现，安全稳定需求从 1994 年以后逐渐成为决定我国外汇储备需求规模的最主要因素，这正好与近年来外汇储备的功能从满足基本的交易需求转向满足安全稳定需求的趋势相吻合，同时，也说明外汇储备在维护我国金融安全稳定中发挥着日益重要的作用。信用保证需求 D_3 从 1994 年的 44.12 亿美元增加到 2011 年的 3 787.02 亿美元，增加 85.83 倍，年均增长 476.86%，特别是从 2003 年以来加速增长，并在 2007 年达到最大值，它是各外汇储备需求层次中增幅最大的。它的增加表明，我国为了增加公众对经济和货币当局的信心所需的外汇储备在不断增加，这也说明“保证信心”在我国外汇储备管理中的地位越来越重要，甚至它可能成为我国今后外汇储备管理的核心。投资盈利需求 D_4 则从 1994 年 7.06 亿美元正的需求逐年转变为 2011 年 835.29 亿美元负的需求，这主要是由于我国外汇储备处于“双缩水”背景下，过高的机会成本造成的，当然从另一方面也说明我国外汇储备的管理水平还有待进一步提高。

3.5.2　外汇储备的最优规模、理论规模与适度规模分析

首先，从外汇储备最优规模 D_O 的变化来看，外汇储备最优规模从 1994 年的 294.40 亿美元增加到 2011 年的 12 442.38 亿美元，增加 42.26 倍，年均增长 234.79%。由于外汇储备的最优规模是存在完全替代效应时的规模，其规模由各层次外汇储备规模中对外汇储备需求最大的层次决定。观察发现，从 1994 年至 2011 年外汇储备的最优规模完全由安全稳定需求决定，并成为影响外汇储备需求的主要因素，从而改变了长期以来我国外汇储备需求由基本交易需求决定的局面。这种变化趋势进一步说明，我国外汇储备的需求逐步由满足基本交易需求转向满足安全稳定需求为主，外汇储备的功能也随之发生变化。因此，如何利用外汇储备防范和化解金融风险，确保我国金融安全已显得尤为重要。

其次，从外汇储备的理论规模 D_R 来看，它从 1994 年的 617.01 亿美元增加到 2011 年的 19 878.80 亿美元，增加 32.22 倍，年均增加 178.99%。由于理论规模由各层次外汇储备需求进行加总而得，并在计算时没有考虑替代效应，从而存在重复计算而“高估”外汇储备规模，因此它是我国外汇储备的最大规模。

最后，我们再来看外汇储备适度区间和超额规模。根据上文确定的外汇储备适度区间，将外汇储备的最优规模（下限）、理论规模（上限）及实际规模同时放在一个坐标图中，进而分析它们的变化趋势。

从图 3－7 中可看到，我国的外汇储备最优规模在 1994 年至 2000

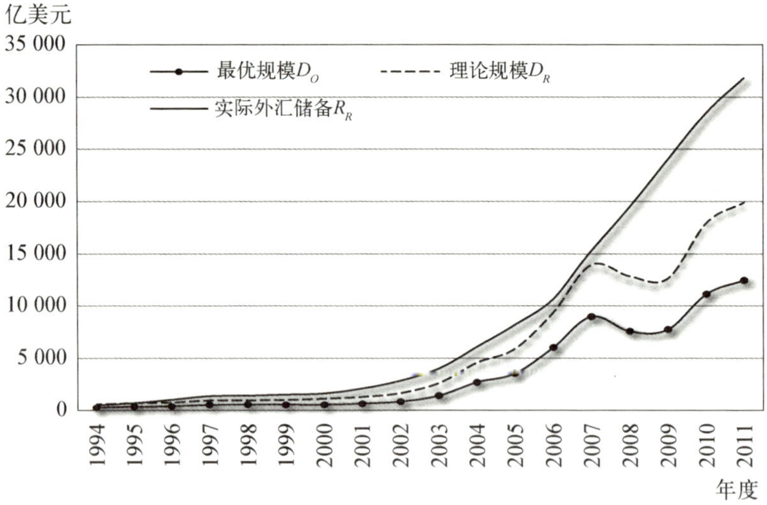

图 3－7　外汇储备规模变化趋势

年之间与实际规模几乎重合，虽然有的年份有少量盈余，但并没有出现大量超额外汇储备，这说明此期间我国的外汇储备规模基本能满足各种需求。而从 2001 年开始快速增加，随着 2006 年外汇储备规模突破10 000亿美元大关，外汇储备也超出了适度期间的上限（理论规模），外汇储备的超额规模从 2001 年的 1 470.46 亿美元快速增加到 2011 年的19 369.10亿美元，但最近两年增幅有所放缓。而外汇储备的最优规模和理论规模因受美国金融危机的影响，2008 年、2009 年同步回落，并在高位构筑了一个平台，外汇储备的适度区间也相对稳定，随着金融危机影响的逐步消除，又进入了快速上升的通道中，且预计这种趋势在短期内还将持续。

3.6　本章总结

本章尝试性的将马斯洛的需求层次理论引入外汇储备需求的分析

中，并相应地将外汇储备划分为基本交易需求、安全稳定需求、信用保证需求及投资盈利需求四个层次，并且一国的外汇储备需求不仅有需求的先后顺序，而且有级别之分。因此，外汇储备的规模由各层次需求决定，外汇储备的最优规模也就是刚好能满足各层次外汇储备需求时的规模。

通过深入分析各层次外汇储备需求之间的关系发现，它们之间存在着明显的替代效应，并根据替代程度的不同将这种替代效应分为单向替代、多向替代及动态替代三种情形，并在此基础上构建了基于多层次替代效应的外汇储备分析框架。外汇储备替代效应的结果表明，已有的研究将各种外汇储备需求进行简单加总就得到最优外汇储备规模的测度方法由于忽视了外汇储备需求层次之间的替代效应而“高估”了外汇储备的最优规模，并认为，在动态替代效应下，我国的外汇储备规模主要由各层次外汇储备规模中对外汇储备需求最大的层次决定。

通过对我国最优外汇储备规模和适度区间的模拟结果发现，1994 年以来，我国外汇储备的需求结构发生了明显变化，外汇储备需求主要由安全稳定需求和信用保证需求决定，这不仅说明在当前金融危机频发的背景下，我国外汇储备在应对金融危机，防范金融风险，保障金融安全稳定等方面正发挥着日益重要的作用，而且如何发挥我国外汇储备的信用保证功能将逐步成为我国外汇储备管理的核心。因此，目前我国应充分发挥外汇储备在防范和化解金融风险中的特殊功能，并通过加强外汇储备的流动性管理，在优先满足外汇储备安全稳定需求的同时，以最优的规模动态地满足其他层次的外汇储备需求。当然也要认识到，外汇储备在维护我国金融安全与稳定时的作用是有限的，因此，还需要其他政策措施的配合。

对外汇储备最优规模的模拟结果表明，在各层次外汇储备之间存在动态替代效应的情况下，当前我国的最优外汇储备规模为 12 000 多亿美元，而超额规模则为 19 000 多亿美元。由此可见，在当前我国存在大量超额外汇储备的情况下，如何加强外汇储备管理，提高我国外汇储备的盈利能力，实现外汇储备保值增值的目标，是我国今后外汇储备管理工作的重点。

第4章 外汇储备资产配置的目标、原则及策略

在进行外汇储备资产的多层次优化配置之前，要在充分考虑外汇储备特征和功能的基础上，确定外汇储备资产配置的目标和制订相应的原则。也只有确定合理的目标和科学的配置原则，才能正确地指导外汇储备资产的优化配置。可见，目标和原则是外汇储备资产多层次优化配置的方向指引，任何偏离目标、忽视外汇储备特殊性的投资管理都将导致严重的后果。为此，本章从以下两个方面展开研究：一是制订外汇储备资产多层次优化配置的目标和原则；二是提出外汇储备资产多层次优化配置的策略。

4.1 外汇储备资产优化配置的目标和原则——功能演变的视角

长期以来，国内外学者对如何进行外汇储备的管理进行了广泛的讨论，但并未达成一致性的意见。而争论的焦点主要集中在对外汇储备是进行稳健管理还是积极管理。为此，本书将这种争论分为稳健管理论和积极管理论。所谓稳健管理，通常所说的保守管理，是指将外汇储备资

产视为一种特殊的金融资产，在管理中遵循安全性和流动性的管理原则，并将其放在首要地位，而外汇储备将主要用于满足日常性的需求，以及维护金融安全稳定的特殊作用，并强调实现外汇储备的保值目标。代表性的学者有李巍、张志超(2009)，他们的研究结果表明，在确保国内金融稳定的前提下，目前中国的外汇储备总量并不过度，正处于合意的区间范围之内。货币当局利用外汇储备进行对外投资和相关资金运作(如进行所谓海外“抄底”)时，尤其要关注其潜在的金融风险。无独有偶，马俊(2011)也认为中国外汇储备宜分散化不宜冒进。

所谓积极管理，是指将外汇储备资产视为金融资产，并强调它与一般金融资产的共性，从而对其实行优化配置及动态投资组合，追求资产的长期性、战略性和高回报，从而实现收益最大化和维护国家利益，并最终达到外汇储备资产的增值目标。以 Stephen Jen(2007)为代表的观点认为，基于外汇储备的主权财富基金应在全球范围内进行战略配置，实施积极管理策略。Lowery(2007)认为，外汇储备应以主权财富基金的形式，采取更为激进的全球投资策略。麦肯锡公司(2007)和摩根士丹利(2008)认为，以外汇储备为主的主权财富基金主要来源于中央银行的储备，应在风险可控的范围内追求收益最大化目标。

李扬等(2007)认为，外汇储备管理的根本任务是建立全球配置资源的战略，对外汇储备资产实行多样化配置，从而实行积极的管理。张燕生等(2007)认为，实现国家外汇资产的多元化，并将国家外汇资产转化为“资本与金融”项下的对外投资，通过全球资产组合多样化配置，使得外汇资产在国家长远发展中发挥更积极的作用。谢平、陈超(2009a)认为，对超额外汇储备进行独立的专业化管理，以追求高回报为目的，是超额外汇储备膨胀的必然选择。朱孟楠、陈晞(2009)在分析外汇储备出现损失原因的基础上，提出外汇储备由保守管理转向积极管理的策略。吴念鲁、贾彦龙(2010)认为，要审时度势，通过多元化运作储备资产，对其实行积极管理，以规避中国外汇储备所面临的风险。周光友、罗素梅(2011)认为，中国目前的外汇储备明显过剩，但政府没有必要对其进行“主动”干预，当务之急是要考虑如何充分发挥外汇储备的特殊作用，并对其进行积极管理。

令人遗憾的是，在已有的研究中，虽然涉及外汇储备管理的文献很多，并得出了一些有价值的结论，也是本节研究的基础。但还存在一定的不足：一是只强调外汇储备的稳健管理或积极管理，并未提出将两者有机结合，从而存在片面性；二是在外汇储备的管理中未充分考虑外汇储备的功能演变特征，从而制订的管理目标和原则具有盲目性；三是没有在对外汇储备资产进行多层次划分的基础上提出分门别类的管理目标和原则，从而导致得出的结论缺乏针对性。因此，本书认为确定外汇储备多层次优化配置的目标和原则，对科学合理地管理外汇储备，对外汇储备资产进行多层次优化配置，最终实现外汇储备管理的总体目标就显得尤为重要。为此，本节在对外汇储备适度规模和超额规模的功能和特征进行比较的基础上，提出外汇储备多层次优化配置的总体目标和指导原则，并在总体目标和原则的指导下，进一步确定适度规模和超额规模的管理目标和制定相应地管理原则，以期为外汇储备资产的多层次优化配置提供依据。

4.1.1　外汇储备的多层次需求及功能演变

(1) 外汇储备的多层次需求

凯恩斯的货币需求理论认为，人们持有货币的动机包括交易动机、谨慎动机和投机动机，相应地人们持有货币的需求就包括交易需求、谨慎需求和投机需求，即人们持有货币的动机就是为了满足不同的需求。同样，一国持有外汇储备就构成了对外国货币的需求，持有外汇储备的目的也就是为了满足该国经济发展过程中的各种用汇需求，并且也可将持有外汇储备的动机分为交易动机、谨慎(预防)动机及投机动机。因此,凯恩斯的货币需求理论完全适合于分析一国的外汇储备需求。基于此,可以通过分析影响外汇储备需求的因素,进而将外汇储备需求划分为不同的层次,即将外汇储备的需求划分为基本需求、安全需求及盈利需求三个层次。其中,基本需求是指一国为满足对外经济交往的需要而产生的外汇储备需求,它主要包括进口商品及对外商直接投资企业利润回流的需求;安全需求是指为了满足一国经济金融安全及增强公众对货币当局和本国经济的信心而持有外汇储备的需求,它包括外债偿付需求、干预外汇市场需求及保证性需求三部分;而盈利需求是指当一国的外汇储备能满足前两个层次的需求并持有超额外汇储备,或各层次外汇储备暂时闲置时,为了减少持有的机会成本、降低风险、增加盈利而产生的外汇储备需求。因此,外汇储备的需求是多层次的。又由于前两个层次的需求构成一国的适度外汇储备规模,而盈利需求则形成超额外汇储备规模,因此,为了便于分析,本书将多层次的外汇储备需求进一步划分为适度和超额两个部分。

(2) 外汇储备的功能演变特征

一般来说,外汇储备具有调节国际收支,保证对外支付;干预外汇市场,稳定人民币汇率;维护国际信誉,提高融资能力;增强综合国力,抵抗金融风险等功能。但在不同的历史时期、不同国家及同一国家的不同发展阶段外汇储备所发挥的功能是不同的,而且外汇储备的功能也在不断演变。随着国际金融危机发生的频率越来越高及传染性的不断增强,外汇储备应对金融危机、维护金融安全及国家利益的特殊作用日益突出,并被世界各国广泛认识,外汇储备的功能也因此进一步演化,其中保障一国金融安全和维护国家利益的作用已经成为当前外汇储备的主要功能。

从图 4-1 可看出,外汇储备的功能具有明显的动态演变特征,即从

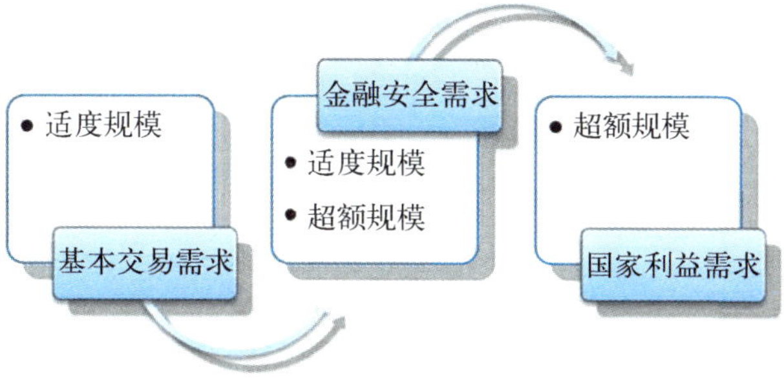

图 4－1　外汇储备功能的演变过程

满足基本交易需求向满足金融安全需求过渡，并最终向实现国家利益的功能演变。其中，适度外汇储备主要用于满足日常性的基本交易需求，以保证一国对外汇储备的“刚性需求”，超额外汇储备主要用于满足投资盈利需求，以实现外汇储备收益的最大化，从而达到维护国家利益的目的。而一国的金融安全需求则由适度和超额外汇储备需求共同满足，这不仅说明金融安全在当前经济中具有重要地位，而且金融安全也是当前外汇储备需要满足的重要需求，特别是在金融危机的背景下更是如此。但当一国存在超额外汇储备时，外汇储备就可用于满足更高层次的投资盈利需求，以实现外汇储备的增值目标和国家利益。可见，适度与超额外汇储备所发挥的作用是不同的，并且随着经济环境、持有水平及需求的多样化，外汇储备的功能也在不断演变。

总之，在进行外汇储备资产多层次优化配置时，不仅要充分考虑外汇储备资产作为国家资产、主权资产和外部资产的特殊性及其在一国经济中的特殊作用，也要区别于一般金融资产的投资。所以在对它们进行投资管理时应区别对待，相应地也应有不同的资产优化配置目标和原则来指导，也正是由于外汇储备功能的演化及适度和超额外汇储备具有特殊性，决定了在进行外汇储备多层次优化配置时必须遵循一定的原则。并在此基础上对不同的外汇储备资产进行多层次优化配置和动态投资组合，从而实现外汇储备资产优化配置的目标。

4.1.2 外汇储备资产优化配置的目标和原则

(1) 总体目标和指导原则

所谓外汇储备资产配置的总体目标是指将外汇储备视为一国的国家资产、外部资产和主权资产，将其作为一个整体进行管理时所追求的目标，并且在确定其总体目标时应充分考虑外汇储备的特殊性及其功能演变特征，因此我们将外汇储备总体目标描述为，在满足一国外汇储备的多层次需求，充分发挥外汇储备维护金融安全和国家利益的特殊作用下，实现外汇储备保值增值的目标。而所谓外汇储备资产优化配置的指导原则，是指为了实现总体目标而制定的总原则，即不论是适度的还是超额的外汇储备资产优化配置都要遵循的原则。因此，外汇储备资产配置的指导原则不仅要受到总体目标的约束，而且还要根据外汇储备的特殊性和功能演变，在资产配置时有别于一般金融资产。在此，本书提出以下四个指导原则：

① 保值增值原则

外汇储备的保值增值原则是世界各国管理外汇储备的基本原则，由于外汇储备具有与一般金融资产不同的特征，并且在一国经济发展和金融稳定中具有不可替代的特殊作用。长期以来，我国对外汇储备的管理主要遵循稳健管理的管理原则。本书认为稳健管理主要体现在实现外汇储备的保值目标上，而对外汇储备的积极管理则主要体现在实现外汇储备的增值目标上。因此，我们在对外汇储备资产进行多层次优化配置时应将保值增值的原则作为最根本的指导原则，而其他的原则都是在此基础上派生出来的原则。

② 金融安全与国家利益兼顾的原则

在国际金融危机愈演愈烈的背景下，如何确保一国金融安全，维护国家利益已成为世界各国普遍关注和迫在眉睫的重要问题。而大多数持有充足外汇储备国家的经验表明，在金融危机时防范和化解金融危机冲击的能力要明显强于外汇储备持有不足的国家，并且外汇储备的这种特殊作用已经被世界各国所认识，可见，外汇储备在保障一国金融安全和维护国家利益中的作用是显而易见的。因此，在金融危机发生频率越来越高、传染性不断增强的情况下，如何发挥外汇储备的特殊作用，并将金融安全和国家利益作为外汇储备资产优化配置的原则是非常必要的。

③ 币种结构选择与资产结构优化各有侧重及动态协调原则

在传统的外汇储备管理理论中，存在重外汇储备币种结构选择而轻资产结构优化的现象，其结果必然会导致外汇储备管理的低效率，从而不能很好地达到外汇储备保值增值的目标，特别是在我国持有大量超额外汇储备的情况下更是如此。事实上，币种结构的选择充其量只是外汇储备结构管理的一个部分，而资产结构已成为外汇储备管理的重要组成部分，甚至是比币种结构选择更为重要的部分。本书认为，在对外汇储备资产优化配置时，要根据各层次外汇储备资产的功能和特性，来确定是以币种选择为主还是结构优化为主，从而做到币种结构选择和资产结构优化两者有机结合并各有侧重。同时，随着各层次外汇储备需求和功能的演化，两者之间也要进行动态的协调。

(2) 适度外汇储备资产配置的目标和原则

适度规模的外汇储备需求是一国对外汇储备的“刚性”需求，这就要求对适度外汇储备资产的配置原则应充分体现安全性和流动性，并充分发挥其金融安全的功能。因此，适度外汇储备资产配置的目标应是在保证金融安全的基础上实现外汇储备的保值目标。在此目标的指引下，本书制定如下适度外汇储备资产优化配置的指导原则。

① 金融安全为主国家利益为辅的原则

由于维护金融安全的外汇储备需求是适度外汇储备规模的重要组

成部分，而国家利益的实现则主要通过超额外汇储备的长期战略投资，因此，我们在对适度外汇储备资产进行优化配置时，应充分考虑一国的金融安全，从而确定以金融安全为主的原则。但这并不意味着在适度外汇储备资产的优化配置中国家的利益就不重要，事实上，维护一国的金融安全从某种程度上说也是国家利益的体现，因此金融安全和国家利益是相辅相成的，只不过是在适度外汇储备资产的优化配置中更注重其维护金融安全的功能而已。

② 保值为主增值为辅的原则

虽然，保值增值是世界各国外汇储备资产管理的基本原则，但在不同国家、不同时期、同一国家的不同发展阶段、外汇储备资产不同持有水平下，外汇储备管理的原则也是各有侧重的。特别是当一国持有超额的外汇储备资产时，就有必要对适度外汇储备资产和超额外汇储备资产进行分别管理。由于适度外汇储备资产主要用以满足一国日常的外汇储备需求，在资产优化配置时要充分考虑其流动性，从而不应将其投资于长期资产，同时，适度外汇储备资产具有的满足“刚性”需求特征也决定了还要注重适度外汇储备资产的安全性，从而保证其自身价值不损失。因此，我们确定保值为主增值为辅的原则。

③ 稳健管理为主积极管理为辅的原则

外汇储备自身的特点及其在经济金融中的特殊作用，决定了稳健管理是外汇储备管理的基本原则，特别是在外汇储备不足的国家更是如此。如前所述，由于适度外汇储备是一国的“刚性”需求，主要用于满足日常的交易，因此对适度外汇储备的管理应强调资产的安全性和高流动性，从而应以稳健管理为原则。当然，作为一国的国家资产，它与一般的金融资产一样也要追求盈利，因此，在保证安全稳定的前提下尽可能进行积极管理，提高其盈利能力，实现保值增值的目标，从而实行稳健管理为主积极管理为辅的原则。

④ 安全性、流动性为主收益性为辅的原则

安全性、流动性和收益性是金融资产进行优化配置时必须要考虑的三个基本原则，由于它们之间存在排他性，因此在资产优化配置时不能同时兼顾，外汇储备资产也不例外。这就决定了在外汇储备资产优化配置时应根据外汇储备资产的特征和功能对它们进行权衡。就适度外汇储备资产来说，由于它具有满足日常外汇储备需求及维护金融安全的功能，而这些外汇储备需求是经常性的，因此适度外汇储备资产的优化配置应以安全性和流动性的原则为主，并在此基础上兼顾收益性，以达到外汇储备满足各层次需求及金融安全的同时实现其保值的目标，因此适度外汇储备资产的优化配置应遵行以安全性、流动性为主收益性为辅的原则。

⑤ 币种结构选择为主，资产结构优化为辅的原则

长期以来，世界各国外汇储备资产管理主要以币种结构选择为主，这主要是由于外汇储备的分布较为均匀而导致没有大量的外汇储备集中到少数国家，大多数国家的外汇储备只能基本满足日常交易的需求，有的国家甚至长期存在严重不足，因此对外汇储备资产的优化配置基本上以币种结构的选择和优化为主。由于我国的适度外汇储备资产也主要用于满足经常性的需求及维护金融安全，因此对适度外汇储备资产的优化配置主要以币种结构选择为主。当然，为了实现适度外汇储备保值的目标，必须在币种结构选择的基础上进一步优化资产结构，做到货币结构选择和资产结构优化的有机结合，从而在适度外汇储备资产的优化配置中应遵循币种结构选择为主，资产结构优化为辅的原则。

(3) 超额外汇储备资产优化配置的目标和原则

超额外汇储备资产是一国在满足日常需求后剩余的部分，可将此部分外汇储备需求称为“投资性”需求，并将它用于更为积极的投资，其投资组合应充分体现收益性和国家利益。因此超额外汇储备资产优化配

置的目标是在注重资产的长期性、战略性及高回报的基础上，追求收益的最大化，并充分发挥其维护国家利益的特殊作用，最终实现外汇储备资产增值的目标。为此，本书确定以下原则：

① 国家利益为主，金融安全为辅的原则

由于外汇储备资产具有国家资产和主权资产的属性，决定了其在实现国家利益中的重要性。而实现国家利益往往又需要一国持有超额的外汇储备资产，并且对超额外汇储备资产进行积极管理，才能维护国家的利益和实现增值的目标，因此，对超额外汇储备进行优化配置时应充分考虑一国的国家利益，从而确定国家利益为主的投资组合原则。当然，这也不意味着适度外汇储备资产就不需要进行投资组合，以及不能实现国家的利益。事实上，适度外汇储备资产也需要保值甚至增值，也是国家利益的一种体现。同时，国家利益的实现也是金融安全的一种重要保证。可见，国家利益与金融安全是相辅相成的，只不过是在超额外汇储备资产的优化配置中应更注重国家利益罢了。

② 收益最大化的原则

在我国持有巨额外汇储备资产并面临“双缩水”风险的背景下，如何实现我国外汇储备保值增值的目标，充分发挥外汇储备资产在维护金融安全和国家利益中的特殊作用就显得非常重要。而在这其中，由于适度外汇储备资产的主要功能在于满足我国经常性的交易需求及维护金融安全稳定，对适度外汇储备资产的优化配置只能侧重于投资流动性强、期限短、安全性高的金融资产，从而实现其保值的目标。而超额外汇储备资产由于具有与一般的金融资产更多的共性，在进行优化配置时可以更加灵活，并可将其投资于期限长、流动性相对较弱、高回报的金融资产，从而实现收益最大化的目标。

③ 积极管理为主，稳健管理为辅的原则

长期以来，稳健管理(保守管理)是世界各国外汇储备管理的传统原则，在世界各国的外汇储备管理中已根深蒂固，特别是在外汇储备规模不足时更是如此。而在当前我国持有超额外汇储备并面临贬值风险的情况下，单纯依靠稳健管理已很难达到外汇储备保值增值的目标，并限制其发挥应有的作用。因此，在外汇储备资产优化配置时应对适度外汇储备进行稳健管理的基础上，对超额外汇储备进行积极的管理，对其进行动态投资组合，实现外汇储备收益的最大化目标。当然，外汇储备与一般的金融资产还是不同的，在资产优化配置中也要充分考虑其安全性和流动性，从而确定超额外汇储备资产优化配置应以积极管理为主稳健管理为辅的原则。

④ 收益性为主，安全性、流动性为辅的原则

由于超额外汇储备是在满足一国的基本交易需求和维护金融安全的需求之后还有盈余的部分，它的功能也与适度外汇储备资产优化配置时强调安全性和流动性，并将其配置到期限短、风险小和收益低的金融资产不同。超额外汇储备资产的优化配置应强调长期性、战略性和高回报，从而实现外汇储备资产的增值目标。这就决定了对超额外汇储备资产进行优化配置时，应追求资产的收益率，并通过长期性的战略投资，实现国家利益。因此，超额外汇储备资产的优化配置应遵循收益性为主、安全性和流动性为辅的原则。

⑤ 资产结构优化为主，币种结构选择为辅的原则

随着全球经济一体化和国际产业的转移，以及新兴国家经济的快速崛起，外汇储备的分布也出现了不平衡的趋势，特别是近年来，外汇储备正快速向东亚及金砖国家集聚。我国作为世界工厂和经济规模最大的金砖国家，目前已积累了巨额的外汇储备，传统的以币种结构为主的外汇储备资产优化配置原则已经不能适应新的要求。而作为超额外汇储备资产，由于它不再是一种主要用于满足经常性的外汇储备需求和维护国家安全的资产，对它进行资产优化配置时可更加积极，并可借鉴一般

金融资产的配置方式，强调超额外汇储备资产的战略性、长期性和高回报，从而在优化资产结构的基础上，再选择币种结构。因此，对超额外汇储备资产的优化配置应遵循资产结构优化为主，币种结构选择为辅的原则。

综上所述，为了更加直观，我们将外汇储备资产优化配置的总目标和指导原则、适度和超额外汇储备资产优化配置的目标和原则总结见表4-1。

表4-1 外汇储备资产优化配置的目标和原则

内　容	目　标	原　则
总体规模	基于金融安全和国家利益原则的保值增值目标	保值增值原则；金融安全与国家利益兼顾的原则；币种结构选择与资产结构优化各有侧重及动态协调原则
适度外汇储备资产	基于金融安全原则的保值为主、增值为辅的目标	金融安全为主、国家利益为辅的原则；保值为主、增值为辅的原则；稳健管理为主积极管理为辅的原则；安全性、流动性为主，收益性为辅的原则；币种结构选择为主，资产结构优化为辅的原则
超额外汇储备资产	基于国家利益原则的增值为主、保值为辅的目标	国家利益为主金融安全为辅的原则；追求收益最大化的原则；积极管理为主稳健管理为辅的原则；收益性为主，安全性、流动性为辅的原则；资产结构优化为主，币种结构选择为辅的原则

4.2 外汇储备的多层次动态优化配置策略

研究和探讨外汇储备的投资管理，并为外汇储备资产的优化配置出谋划策，从而达到控制风险和增加收益的目标，是我国政府和学界广泛关注的重要问题。如果说我国外汇储备资产优化配置的最终目标是保值增值，那么资产优化配置策略就是为了实现这一目标而制订的有效配置方案的集合。做任何重要事情都要讲究策略和方法，更何况是国家外汇储备资产的投资管理，对该项资产配置的优劣不仅关系到我国的国家利益和金融安全，甚至会影响到全球的金融和经济。因此，在整个外汇储备资产优化配置过程中，资产配置策略的制定是具有决定性作用的一环。

长期以来，国内外学者对如何制定和调整外汇储备资产的配置策略进行了有益的探索和研究，并取得了一些有价值的成果。在国外，外汇储备资产的投资主要通过主权财富基金的方式进行。Joshua Aizenman 和 Reuven Glick(2008)认为外汇储备资产的投资应遵循效用最大化原则，而外汇储备资产也应在风险相对较高的国外资产中进行分散化配置。Ashby H B Monk(2010)的研究发现，主权财富基金的资产配置具有明显的资产品种多元化、投资地域分散化和战略长期化的趋势，并且未来的资产配置应减少对国家收益新产品与对冲基金的投资，而倾向于加大股权、房地产及私募基金的投资。Victoria Barbary(2011)从主权财富基金的视角分析了外汇储备资产配置对全球资产配置的影响，认为国家储备分散化型基金和代际储蓄基金的配置应以低风险分散化的投资组合为主。

在国内，何帆、陈平(2006)通过介绍新加坡和挪威等国的外汇储备积极管理经验，提出了中国建立外汇储备积极管理体制的建议。张燕生等(2007)认为可通过规范渠道将部分外汇储备资产从中央银行资产负债项目转化为国家资产负债项目，从而实现国家外汇资产的多元化。同时也可将国家外汇储备资产转化为“资本与金融”项下的对外投资，并通过全球资产组合的多样化，使得其在国家长远发展中发挥更积极的作用。卢孔标(2008)认为中国面临外汇储备过剩的问题，外汇储备资产投资管理的必然方向是适当调整资产管理目标，增加资产配置的多元化程度和适度的市场化运作及信息披露。孔立平(2009)在分析我国外汇储备以美国国债为主而隐含的各种风险基础上，认为从长期来看，要逐步减持美元资产，优化外汇储备资产配置。陈亚峰(2010)根据我国对外汇储备的需求将我国的外汇储备总量划分为常规外汇储备、战略外汇储备和超额外汇储备三类分量，并针对每一分量制定了专门的投资策略。

这些研究成果为我国外汇储备资产的投资管理提供了借鉴和参考。然而，外汇储备资产的配置策略受到外汇储备的持有水平、面临的国内外经济环境等因素的影响，已有的各种策略已不能完全反映当前我国外汇储备投资管理的实际，因此，制定和完善我国的外汇储备资产优化配置策略，对充分发挥外汇储备保障金融安全、维护国家利益及实现其保值增值的目标具有重要的意义。为此，本节在制定外汇储备资产优化配置总体策略的基础上，分别制定适度和超额外汇储备资产的优化配置策略，从而构建外汇储备资产优化配置的策略体系。

4.2.1 外汇储备资产的总体优化配置策略

外汇储备作为一项金融资产，它具有一般金融资产的特征，其投资策略是基于利益而制定的。同时，外汇储备又属于特殊的国家资产，它具有国民性、主权性和国际性的特征，这又决定了其投资策略所追求的利益是国家利益。外汇储备所具有的这种双重特性决定了在制定外汇储备资产配置的策略时既要考虑它作为一般资产的共性，又要充分考虑它作为国家资产的特殊性。因此，本书提出三条外汇储备资产的总体配置策略。

(1) 基于金融安全与国家利益的资产配置策略

随着国际金融危机的频发及传染性的逐步增强，外汇储备在抵御金融风险和维护金融安全中的作用明显增强。甚至有学者认为中国经济受到2008年的金融风暴冲击相对较小，且经济增长速度能在金融危机下保持一枝独秀，其充足的外汇储备功不可没。同时，不断增加和积累的外汇储备资产能提高我国的国际清偿力和国际信誉，从而能提高我国的国际地位和国际投融资能力。但是如果我们进一步分析一国外汇储备的来源、持有和运用的各个环节，就会发现每个环节都伴随着金融风险，而其中任何一个环节存在风险都会导致国家金融的不安全。首先，一国的外汇储备来源于国际收支平衡表的官方储备项目，它是国际收支不平衡或者说一国经济内外失衡的表现。像我国这样拥有巨额外汇储备的国家，本身就说明了经济发展的阶段性失衡和隐藏着金融风险。其次，在国际金融危机和美元贬值的背景下，持有大量的美国国债面临着较大的缩水风险和机会成本。再次，在全球范围内配置外汇储备资产或者说进行外汇储备资产投资同样存在诸多的不确定因素，不论是对投资环境了解不够深入还是投资决策失误或是操作不当等都会带来不可估量的损失。因此，在制定外汇储备资产优化配置策略时必须充分重视国家的金融安全。

与重视金融安全策略紧密相连的是基于国家利益的资产配置策略。外汇储备作为一项金融资产，其配置策略注定是以追求利益为目标的，但是外汇储备又是一项特殊的国家资产，它作为国民资产、主权资产和外部资产具有显著的国民性、主权性和国际性特征，这又决定了外汇储备资产只能主要投资于国外，并且投资所追求的利益不是普通的个人或公司利益，而是整个国民的利益或者说是神圣的国家利益。所谓国家利益，从理论上讲，是指能够满足国家效用或需要的能力；从主体的角度看，国家利益就是本国所有人的利益；从具体内容看，国家利益表现为安全利益、经济利益、文化利益和政治利益等多个方面(张宇燕，2008)。因此，国家利益是一个宽泛的宏观概念，本书主要指国家的安全利益、经济利益和战略利益，这些利益是制定外汇储备资产配置策略时必须要考虑的。

(2) 多层次的、动态的和系统的资产配置策略

多层次的、动态的和系统的管理策略是本书在整个外汇储备管理过

程中始终贯穿的总体策略。本书把我国外汇储备的规模决定、资产优化配置和风险控制视作一个“三位一体”的系统，并且将多层次的、动态的思想应用到这个系统的每一部分。即外汇储备的规模决定是基于多层次需求和多层次替代效应分析框架下测算出来的多层次规模；外汇储备资产的优化配置同样不可缺少多层次的配置策略，而是在多层次规模划分的基础上，按不同层次规模的配置目标和原则对其进行资产结构的动态配置和优化；作为外汇储备管理目标的风险控制部分则是前两部分管理的延续和拓展，我们通过构建多层次的外汇储备风险管理体系来控制风险，并最终达到保值增值的目的。因此，多层次的、动态的管理思想和策略在外汇储备管理系统中的各部分都得到了充分体现。

在外汇储备资产配置过程中，多层次的、动态的和系统的资产配置策略具体表现为：根据各层次外汇储备资产的特性和管理目标及原则，在配置时将币种选择与资产结构有机结合，并各有侧重，从而试图克服在已往研究中主要注重币种结构选择的相对单一管理模式，以及由于忽视各层次外汇储备资产的特殊性而导致的缺乏针对性管理的缺陷。本书认为我国应该建立多目标、多层次的外汇储备资产管理模式，并根据不同目标和不同层次的资产组合选择不同的资产配置方式。为此，本书在对适度规模资产进行配置时主要以追求资产的流动性和安全性为主，同时兼顾收益性，在具体管理中以币种结构选择为主、资产配置为辅的管理模式，并运用现代资产投资组合理论、修正的海勒-奈特模型和杜利模型对持币结构进行最优币种选择。而对超额外汇储备的管理则主张以追求资产的收益性为主，同时考虑国家发展战略，因此这部分资产要进行长期性、战略性，高回报的投资。在具体管理中应以资产配置为主、币种结构为辅的全球投资管理模式，并尝试性地将主权财富基金管理的新型“国家资本主义”理论、资产战略配置理论及风险管理理论与方法运用于超额规模的管理，以实现资产优化配置的目标。

（3）稳健管理与积极管理相结合的资产配置策略

我们奉行稳健管理和积极管理相结合的外汇储备资产配置策略，也就是对适度规模实行稳健管理的投资策略和对超额规模实行积极管理的投资策略，并将两种管理策略有机结合。所谓外汇储备稳健管理的投资策略是指在外汇储备投资管理中，注重资产组合的流动性和安全性而不重视营利性，并主要进行币种结构管理的保守型策略。而所谓外汇储备积极管理的投资策略，主要是指投资组合按照资产种类、货币、国别、行业、风险承受所进行的策略性的配置（何帆、陈平 2006）。本书认为将这两种投资管理策略相结合，既打破传统外汇储备以稳健管理、币种管理的单一管理模式，又不过度追求单纯的积极管理模式。为此，本书提出在外汇储备资产优化配置过程中应对适度规模和超额规模分别制定和执行不同的策略，即对适度规模实行稳健管理的投资策略，对超额规模实行积极管理的投资策略，并实行将稳健管理与积极管理有机结合、币种结构选择和资产结构优化各有侧重的新型管理模式。在具体操作过程中，实行稳健管理策略的适度外汇储备规模以币种结构选择为主、资产结构优化为辅，以保值和维护金融安全为主要目标；而对实行积极管理策略的超额外汇储备规模则以资产结构优化为主、币种结构选择为辅，并以增值和维护国家利益为主要目标。

4.2.2　适度外汇储备资产的优化配置策略

在制定外汇储备资产总体策略的基础上，我们进一步确定适度外汇储备资产的优化配置策略。

（1）追求资产安全性和流动性为主的配置策略

一般而言，流动性、安全性和营利性是金融资产在投资管理过程中所要追求的目标，但这三个目标本身之间是存在矛盾的，因此在实际操作过程中很难同时实现，而只能根据情况有所侧重。在实行多层次管理的外汇储备管理体系中，各层次外汇储备资产的投资管理目标和原则存在很大差异，决定了各层次资产的投资管理策略应该是不同的，这也正好为各层次外汇储备资产的投资管理目标和策略之间找到契合点。本书认为，外汇储备的适度规模由交易性需求、预防性需求和保证性需求共同决定，也就是说一国持有外汇储备的初衷是为了满足这三项基本需求，因此，外汇储备的投资管理就是为了满足这些需求而展开的，流动性和安全性目标也就自然成为长期以来外汇储备管理的主要目标。这里需要说明的是虽然在世界经济格局发生巨大变化及外汇储备功能不断演变的背景下，很多学者认为拥有巨额外汇储备的中国应该极力推行积极管理策略，但本书仍然认为对适度规模的外汇储备要采取传统的稳健投资管理策略，并且要以追求资产的流动性和安全性为主，当然也要兼顾收益性。由于适度外汇储备资产最终是为了满足交易性、预防性和保证性的日常需求，所以，在进行资产优化配置时，也应选择流动性和安全性高，而营利性可相对较低的投资工具。在具体的币种配置时应该根据贸易权重的大小、货币国际化程度及汇率安排等多种因素综合考虑后作出多样化的币种选择搭配。而在资产配置时，则应主要考虑期限短、风险低和变现快的金融资产，如符合币种选择要求国家的短期国债、中央银行活期存款和国际金融机构债券等。

(2) 以币种结构为主、资产结构为辅的配置策略

在多层次外汇储备管理体系下的适度外汇储备投资管理中，我们制定以币种结构为主、资产结构为辅的配置策略。这是因为适度外汇储备的功能主要是为了满足调节国际收支、保证对外支付、干预外汇市场、稳定本币汇率等的需求，所以在配置该部分资产时我们主要考虑外汇储备的来源和用途，从而主要选择持有储备来源国和流向国的货币。在具体的币种配置时，选择哪些外国货币作为本国的储备货币，要根据本国和贸易伙伴国的贸易权重、两国的汇率安排和两国货币的国际化程度等多

种因素综合权衡后作出多样化的币种选择搭配。而在资产配置时，要在符合币种比例要求的情况下，主要考虑期限短、风险低和流动性强的金融资产，如符合币种选择要求国家的短期国债、中央银行活期存款和国际金融机构债券等。

(3) 注重灵活性和多元化的投资管理策略

持有适度外汇储备主要是用于交易性、预防性和保证性需求用汇，具体就是满足进口支付、偿还外债、外资企业利润汇出和干预外汇市场稳定本币汇率及维持市场信心。这部分储备要具备多样化的功能和满足多样化的需求，从而要求在资产配置过程中应该注重灵活性和多元化。虽然在国际储备货币中美元具有重要的地位，美元作为重要的国际货币，其国际性、自由兑换性和可偿性等方面都具有绝对的优势，在国际经济交往中的可接受性是最高的，当然它也是目前国际大宗商品交易的主要计价、结算货币。但是也要面临持有大量的美元储备资产存在币种结构相对单一和美元贬值，而使储备资产大幅缩水的严重问题，所以注重灵活性和币种结构的多元化应是适度外汇储备的理性投资管理策略。当然，美债危机、欧债危机及世界经济的不景气也给储备货币的选择增加了不少难度，不过减持美元和增加其他储备货币种类仍是当前的调整策略之一。

4.2.3　超额外汇储备资产的优化配置策略

顾名思义，超额外汇储备就是指超出一国适度规模之外的外汇储备。对超额外汇储备资产的管理我们极力推行积极的投资管理策略。在此我们可借鉴新加坡、挪威等外汇储备积极投资管理的成功经验，但是也不能简单套用别国的投资模式，毕竟中国所处的国际国内环境和别国不一样，再加上巨大的超额储备投资对国际金融市场会产生不小的影响，容易遭到投资国的抵制和造成不必要的麻烦。对拥有巨额外汇储备且超额规模远远大于适度规模的我国来说，超额部分储备资产的投资管理就显得格外重要，其投资策略的制定和执行都要特别谨慎和周密，因为这部分资金的使用效率和投资收益与国家战略利益及国民利益息息相关。因此，我们制定的投资策略应具有较强的针对性和可操作性。

（1）追求资产投资的长期性和高回报策略

超额外汇储备资产配置总体上以追求资产的营利性为主，而流动性和安全性则处于相对次要的地位，因此，这部分储备的投资方向和投资工具及投资期限选择的灵活性都比适度规模要大得多。其投资可根据不同的资产组合目标实行购买并持有、价值投资、长期投资、实物投资等策略，更关注所投资资产的长期趋势和价值回报，而不太在意短期波动。在实际操作过程中要在投资风险能承受的范围内，尽可能地选择期限长、收益高的投资工具，争取提高这部分资金的使用效率和投资收益率，追求国家对超额外汇储备投资的高回报。

（2）资产结构为主、币种结构为辅的配置策略

本书将中国的超额外汇储备视作多层次资产配置体系中的一个基本的资产组合模块，又把这个基本模块分成战略性资产组合和收益性资产组合，这两大资产组合模块又分别由下一级的相对小的资产组合构成。在对这些资产组合进行配置时，哪类资产能进入相应的资产组合中主要取决于该类资产对组合的贡献，或者是该资产加入前后相应资产组合收益的方差或协方差的比较结果，而它是以何种国家的货币表示的资产则不是主要考虑的因素。之所以提出如此策略，不是在资产配置中不重视汇率风险，而是本书认为，一方面如果资产种类足够多样化，资产组合本身具有分散和降低汇率风险的功能；另一方面，如果这部分资产配置仍然以币种选择为主会大大降低资产配置的灵活性并最终影响到收益。因此，从理论上讲，对超额储备的资产配置可选择任何国家的金融资产和非金融资产。当然，在实际配置过程中，除了考虑投资工具的收

益风险外，还要综合考虑东道国的投资环境、投资政策、经济前景和政治稳定等因素，尽量争取达到各个分资产组合的科学配置和整个资产组合体系的最优。

(3) 超额储备投资与国家发展战略相结合的策略

在外汇储备资产的配置体系中，有部分超额储备的投资需要和国家的发展战略相结合才能充分体现国家利益的投资原则。根据我国现阶段的实际，超额储备投资与国家发展战略相结合的策略主要可通过以下几种方式来实现。

① 为具备“走出去”条件的企业提供金融支持。为鼓励我国具备核心竞争力的企业走出国门去寻找更大的发展间，可利用超额外汇储备设立专项发展基金或直接由现在的中国主权财富基金来完成此任务。张世贤、徐雪(2009)认为主权财富基金的核心问题应该是如何运用好“超额外汇储备”。因此，部分超额储备可支持国内企业对外直接投资、绿地投资或海外并购等，具体的支持方式可是提供融资服务、投资分析等金融服务。让国内企业尽快适应东道国的环境并能实际执行国家发展战略。

② 引进国际高端的知识型和技术型人才。一般来说，为了实现我国的长远发展战略，最直接的方法之一是用外汇储备购买发达国家的先进技术设备，来实现产业升级和经济结构调整。但实际上进口先进的技术设备会受到很大的障碍，要真正购买到具有世界先进水平的技术几乎是不可能的。而承接发达国家的低端产业来结合我国廉价劳动力的发展方式已经不可持续，因为我国的劳动力成本在不断攀升，人口红利消失。所以急需寻找新的发展方式和新的经济增长点，而首先要解决的是高端人才缺乏的问题，21 世纪国家之间的竞争主要是人才的竞争，谁拥有和利用好更多的高层次人才，谁就能占得先机。鉴于此我们可利用部分超额外汇储备来引进国际高端的知识型和技术型人才，并为这些人才在中国的创业和发展提供相对优惠的条件和尽量创造出舒心的工作环

境,让他们能最大限度地发挥知识和技术潜力。

③ 储备必要的战略物资。随着我国经济的快速发展及产业结构的不断升级,能源短缺的问题日益突出。为了维护我国的能源安全和保持经济的持续健康发展,可考虑动用部分超额外汇储备设立能源基金,并通过不同的方式利用该基金以达到储备必要的战略物资和保证能源供给的目的。一是可以利用外汇储备择机直接从国外购买石油、天然气、铜矿石、铁矿石等重要战略能源资源;二是也可以通过参股或控股间接投资国外的能源企业;三是还可以结合"走出去"的策略,用外汇储备直接投资开发境外能源,为我国提供战略能源保障。

④ 适当增加黄金储备。在国际金融危机背景下,美国等西方国家不断推出量化宽松的货币政策,极力想通过开动印钞机来进行解围,尽快渡过难关,其结果是向全球输送了通货膨胀及稀释了他国持有的美元储备资产,从而为自己减轻了国际债务。中国作为美国最大的债权国,且外汇储备中美元资产的比例保守估计也在 60%以上,所以深受美元贬值的危害。长期以来,美元和黄金之间的价值变化基本上都是负相关关系,说明黄金和美元之间具有一定的对冲性。但据世界黄金协会 2012 年 2 月份公布的数据显示,美国官方黄金储备达到 8 133.5 吨,高居全球首位,占其整体外汇储备的 74.5%。而中国居世界第六位,黄金储备为 1 054.1吨,仅占外汇储备总额的 1.6%。[①] 该比例远低于发达国家 40%~70%的平均水平,因此,黄金的占比应该进一步提高。由于在国际金融市场动荡和各国币值波动很大的情况下,黄金仍是相对安全的投资工具,持有适当比例的黄金可达到避险和保值的功能。所以,我国可适当增加黄金储备量,以此来抵消部分美元及其他储备货币贬值带来的损失。

⑤ 支持人民币国际化和参与货币国际合作。纵观世界上几种主要

① 资料来源:中国黄金集团公司网 2012-02-14。

国际储备货币的国际化进程，它们最初都是建立了相应的货币锚或是具有充足可靠的外汇储备作为后盾。回顾布雷顿森林体系下的“双挂钩”货币制度，黄金就是美元最坚实的货币锚，依靠其他国家货币与美元的可兑换及黄金与美元的可兑换，相当于建立了美元之外所有国家的货币都可与黄金间接兑换的制度，美元在其中充当中介的作用。但事实上第二次世界大战后美国拥有世界三分之二的黄金储备量，成为其他国家持有美元资产强有力的信用保障，支撑美元成为具有超然地位的国际储备货币，美元也由中介变成真正的主角。随着金本位制度的崩溃和黄金在世界范围内的非货币化，黄金作为货币锚的作用也逐渐被其他资产所取代，外汇储备或许是相对好的替代品。因此，本书提出利用外汇储备支持人民币国际化的策略，理由有三点：其一，我国充足的外汇储备本来就可以作为人民币国际化的信用保障。其二，我们可利用部分超额外汇储备作为支持人民币国际化的专项基金，加快人民币“走出去”的步伐。除了扩大人民币跨境贸易计价、结算的范围，人民币的可兑换程度也要做出相应的放松，比如，我国可规定境外持有的人民币可兑换成美元或其他货币的比例。其三，我们可通过利用外汇储备积极参与货币区域合作和国际合作，进一步扩大中国经济及人民币在世界范围内的影响力，以此促进人民币国际化。具体可通过超额外汇储备参与亚洲国家、金砖国家及国际金融机构的货币合作，争取更多的话语权和树立人民币的国际地位。比如，国际金融危机期间，中国通过向国际货币基金组织(IMF)注资，为控制金融危机的进一步传染提供力所能及的帮助。欧债危机期间，中国也直接认购欧洲主权债务危机国发行的国债，这些都是承担大国责任的具体表现。同时，这些举动也让世界更多地了解中国和人民币，在人民币国际化的道路上迈出了坚实的一步。

(4) 多元化和分散化的资产优化配置策略

相对自由的超额外汇储备投资，理论上可选择任何国家的任何资产，实行全球组合投资策略，以实现多元化和分散化，并最终达到降低风险和提高收益的目的。因此，多元化和分散化是超额外汇储备资产优化配置更加需要强调的，同时也是可行的策略。应该采取更为积极的投资管理策略，对超额外汇储备的投资主体、投资方向和投资工具都实行全方位的多元化策略。

① 投资主体的多元化。可采取大部分超额外汇储备由我国的中央银行、中投公司或其他国内投资管理机构进行投资管理，而将部分超额储备委托海外知名投资公司进行投资，这样既可实现投资主体的多元化和增加投资收益，也可和海外投资机构进行合作和交流投资经验。

② 投资方向的多元化。超额外汇储备可进行以国家发展战略为主的战略投资和以追求国家利益为主的收益性投资，具体的投资方向还可进一步地细化。

③ 投资工具的多元化。对于投资工具可从资产结构和币种结构两方面来实现多元化。一是超额外汇储备的资产结构方面，选择符合要求的全球金融资产和非金融资产，其中资产组合可包括股票、债券、私募股权、金融衍生品和房地产等。二是在货币结构方面，要改变以美元为主的单一结构，根据资产结构的需要，增加欧洲国家、亚洲国家、金砖国家和其他必要的货币，达到币种结构的多元化。

综合以上三个方面，建立多元化和分散化的超额外汇储备资产组合，以达到我国整体外汇储备资产优化配置的目标。

4.3 本章总结

本章建立了多层次的外汇储备资产优化配置目标和原则体系，且各种目标之间、原则之间是一种相对独立、相互制约、相互补充、相辅相成的关系。这种关系主要体现在总目标与总原则之间、总目标与分目标之间、总原则与分原则之间、分目标与分原则之间、分目标之间及分原则之间。它们之间的这种关系构成了一个外汇储备资产优化配置的多层次的、动态的、系统的目标和原则体系，并在目标和原则体系的指导下对外汇储备资产进行多层次动态优化配置，从而实现外汇储备资产的动态管理和系统管理。

合理确定外汇储备资产优化配置的目标和原则是外汇储备资产优化配置和实现外汇储备管理目标的前提和基础。而在确定目标和原则时，应在对外汇储备资产进行多层次划分的基础上，根据各层次外汇储备资产的功能演变特征、外汇储备水平、面临的内外部环境等因素来确定相应的资产优化配置目标和原则，并对其实行分门别类地管理，从而对适度外汇储备资产应进行稳健管理，而对超额外汇储备资产则进行积极管理。

外汇储备资产优化配置的目标和原则并非是一成不变的，随着外汇储备新特性的不断出现和功能的进一步演化，各种目标和原则也需要相应地调整。因此，在确定外汇储备资产优化配置的目标和原则时，应充分考虑各层次资产的特殊性及其功能演变特征，并结合当前的国内外环境和本国的实际，确定相应的目标和原则，并对各目标和原则进行动态的调整，从而更好地实现外汇储备资产优化配置和管理的目标。

本章尝试性的以金融安全和国家利益为视角，分析和研究外汇储备资产多层次优化配置的策略。认为外汇储备资产的特殊性决定了对其进行优化配置应遵循金融安全稳定和国家利益的原则，并在此基础上提出外汇储备资产的总体及各层次规模的优化配置策略。

提出将稳健管理和积极管理有机结合的外汇储备资产配置策略。本书认为将这两种投资管理策略相结合，既打破传统外汇储备以稳健管理、币种结构管理的保守模式，又不过度追求单纯的积极管理模式。而是提出在外汇储备资产优化配置过程中应对不同层次制定不同的策略，即对适度规模实行稳健管理的投资策略和对超额规模实行积极管理的投资策略，并将两者有机结合、币种结构选择和资产结构优化各有侧重的新型投资管理模式。

外汇储备资产优化配置的策略应由总体策略、适度外汇储备及超额外汇储备的优化配置策略组成，而总体策略是各层次储备资产必须共同遵循的指导性策略，适度和超额储备的优化配置策略是在结合自身特征的基础上而进一步细化的策略。同时，各种策略之间是一种相对独立、相互制约和相辅相成的关系，并在此基础上形成一个多层次的、动态的和系统的外汇储备资产优化配置策略体系。

第5章

适度外汇储备资产的多层次优化配置

5.1 概　　述

通过前面的研究，本书已经对外汇储备的多层次需求进行了划分及适度规模和超额规模进行了测度，并在此基础上提出了外汇储备多层次优化配置的目标、原则和策略，从而为进一步对适度和超额规模层次的外汇储备进行多层次优化配置打下了基础。但这只是外汇储备多层次管理的开始，而要达到外汇储备保值增值的目标必须要对其进行多层次动态优化配置，通过对各层次外汇储备资产进行分门别类的管理，根据各自的特点和发挥的作用将其进行动态投资组合，从而实现分散和降低风险、增加收益的目标。由于外汇储备资产的多层次优化配置及动态投资组合是对外汇储备进行管理的重要手段，也是维护金融安全和国家利益，并最终达到外汇储备保值增值目标的重要保证，因此它是本书研究的重点内容之一。为此，接下来的本章和第 6 章将分别研究适度和超额外汇储备资产的多层次优化配置。

在已有的研究中，外汇储备资产优化配置的研究主要体现在币种结构确定和资产结构优化两个方面。在币种结构选择的研究方面，最有代表性的有三种：一是Markowitz(1952)和J. Tobin(1956)的风险分散理论，该理论认为可将外汇储备视为一种金融资产，并可通过资产分散来降低风险，各种持有货币的风险与收益状况决定了某种货币在外汇储备中的比例，而其他因素并不需要考虑。二是Heller与Knight(1978)的研究发现，汇率安排和贸易收支结构是决定一国外汇储备币种结构的主要因素，而经济开放度、经济总量与币种结构的相关性可以忽略不计。三是M. Dooley(1986)的研究认为，在外汇储备币种结构的影响因素中，汇率安排、外债支付流量和贸易流量是决定外汇储备币种结构的主要因素。之后，Dellas和Yoo(1991)分别运用均值-方差模型和消费资产资本定价模型来研究韩国的储备币种结构，并添加进口贸易带来的币种结构约束条件，在最终理论结果与实际数据的比较中，均值-方差理论的结果也是较为符合实际情况的。Roger(1993)的研究却发现，大多数工业化国家外汇储备持有结构的变化并不是投资组合的结果，而主要与外汇市场的公开市场干预有关。Eichengreen(1998)通过实证分析发现，国际贸易相对规模和国内生产总值是影响外汇储备币种结构的长期因素，而短期内不明显。Srichander与Ramaswamy(1999)将模糊决策理论用以分析外汇储备的币种结构，通过把各种货币资产组合放到多目标模糊决策分析框架中进行实证研究，其结果可用以解释现实中的币种结构选择。Eichengreen与Mathieson(2000)通过分析一国资本账户开放、外债结构、汇率安排、储备货币之间利差的关系对外汇储备币种结构的影响发现，各国外汇储备币种结构具有明显的历史延续性特点，并且这些影响因素发挥作用也是渐进的。而Elias, Richard, Gregorios(2006)采用动态均值方差模型得出了存在交易成本情况下的外汇储备最优货币结构。此外，在最近几年，相关的研究又进一步深入，Roland Beck和Ebrahim Rahbari(2008)运用最小化方差模型研究24个新兴市场国家外汇储备中美元和欧元的比例关系，同时得出计价货币的选取对于最优比例的决定性作用。Hatase，Ohnuki(2009)对日本的研究表明，决定外汇储备币种结构的主要因素是贸易规模和外债币种结构。Kubelec，Sa(2010)认为由于储备币种结构一般较少变动，因而 Eichengreen，Mathieson(2000)的总量模型决定变量及参数估计值，被研究者用来估计一些国家包括中国的币种比重。

在外汇储备资产结构的研究方面。相关的研究较少，代表性的研究主要有：McCauley 与 Jiang(2004)在美国官方统计数据的基础上，对世界各国持有美元储备资产的情况进行了深入研究。Cardon 和 Coche (2004)通过理论和实证研究发现，正确的组织结构是外汇储备战略资产配置的重要保证。Vesilind 和 Kuus(2005)在对爱沙尼亚外汇储备积极管理的研究中发现，一国应将外汇储备视为流动性资产组合和投资性资产组合，同时还应持有一部分黄金。Cushman 等(2007)对外汇储备资产投资组合平衡模型进行了研究，并认为该模型能够较稳定地解释标准的基础货币。

在国内，对外汇储备资产配置的研究相对缺乏，而在已有的文献中主要研究的是外汇储备的币种结构问题。陈建国、谭戈(1999)认为一国货币当局持有黄金、外汇、特别提款权等，其目的在于提供一种最终的国际债务清偿能力。因此，应该从偿还国际债务的角度来确定各种储备资产的相对价值。假如货币当局的偏好是确定的且可以用经验函数来反映，则可通过运用均值-方差最优化方法描绘资产组合的有效边界，进而得出储备的最优资产结构。宋铁波、陈建国(2001)研究了贸易结构、外债结构、储备货币的风险收益和一国汇率制度四种因素对货币分配的影响。马杰、任若恩、沈沛龙(2001)在均值-方差模型的基础上，建立了一个非线性模型来确定外汇储备的最佳结构，但由于种种限制，没有根据模型计算出准确结果。朱淑珍(2002)利用 Markowitz 模型工具分析了中国外汇储备的风险最小方差边界曲线(风险有效边界曲线)，给出了理论上最优的外汇储备结构的调整建议。邹全胜(2005)认为,中国的外汇储备要与中国外向型经济相配合,在实现储备货币营利性和低风险性的同时,也应考虑储备货币的方便性与交易成本大小,不能单纯因为美元汇率的短时期涨跌而改变自己的储备结构。滕昕(2007)在研究中将外汇储备看作一个系统,运用层次分析法,构造了货币结构选择的 AHP 模型,并得出了各种货币在外汇储备货币结构中应占的权重。黄金、周锐(2007)则从外汇储备的汇率风险角度出发,分别分析了美元、日元、欧元和英镑等主要储备货币的平均收益率、风险及相互之间的相关性,从而给出如何分散汇率风险的政策建议,即增加欧元和英镑在币种结构中的权重。杨胜刚、龙张红(2009)也借鉴模糊数学满意度概念建立模型,分析分别提高美元、欧元、英镑、人民币利率时储备货币的币种变化。邹宏元、袁继国、罗然(2010)运用模糊决策方法,在考虑进口因素和外汇储备收益的情况下,估计中国外汇储备的最优币种结构是:美元为 64.5%,欧元为 33.3%,日元为 2.2%。孔立平(2010)结合马柯维兹资产组合理论、海勒-奈特模型和杜利模型,综合考虑我国的贸易结构、外债结构、外商直接投资来源结构和汇率制度等因素的影响,提出应降低美元在我国外汇储备中的占比,提高欧元占比。曲良波、宋清华(2012)的研究结果表明:在我国外汇储备币种构成上,欧元资产比重上升,美元、日元资产的比重下降,英镑资产的比重基本维持不变,美元资产仍处于主导地位;外汇储备资产的平均收益率在下降,面临的风险在加大。

与此同时,国内学者在外汇储备资产结构的研究方面也做了一些有益的尝试。易江、李楚霖(1997)将资产组合风险最小化的理论应用于外汇储备安全增值问题的研究,在允许卖空和不允许卖空两种很强的假定前提下,导出实现外汇储备资产最优组合的方法。王红夏(2003)根据储备资产的变现能力和收益水平,将储备资产划分为三级结构:一级储备、二级储备和三级储备。何帆、张明(2006)认为中国应该进行外汇储备的资产调整,降低投资于美国国债的比率,提高投资于美国股权、美国机构债和企业债,以及黄金的比率。Wu Yi(2007)运用动态均值-方差优化模型对中国外汇储备币种结构进行了研究。利用 1999 年 12 月至 2007 年 6 月的数据,得出了各主要储备货币的一个比重区间:美元(47%～58%)、日元(13%～18%)和欧元(5%～10%)。冯科(2007)根据香港地区的外汇管理经验,提出我国的外汇储备可以分为两个部分:一是货币资产;另一个是投资资产。充足性、流动性、安全性是货币资产管理的首要目标,而投资资产则注重外汇储备的收益性。梅松、李杰(2008)认为应当用超额外汇储备配置与宏观经济周期运行相反的风险资产,对于重要部门,还可以有针对性地进行对冲操作,从而提高社会的整体福利水平。刘澜飚、张靖佳(2012)通过刻画中国外汇储备对外投资的"循环路径",构建了包括央行、金融市场和实体经济的斯塔克尔伯格及古诺模型,进而模拟出中国外汇储备对外投资对本国经济的间接贡献、合意的外汇储备投资组合,以及最优外汇储备投资规模。

综上所述,国内外的研究已取得了较多有价值的成果,也是本章研究的重要基础。但还存在一些不足:一是绝大多数文献简单地将一国的外汇储备视为一个整体进行币种结构选择或资产优化配置,忽略了外汇储备资产的多层次性及其功能的动态演变特征,从而缺乏针对性,在现实中的可操作性低,不能有效提高外汇储备管理的效率。二是定性分析较多,定量研究较少,主观性较强,从而缺乏定性与定量相结合的分析;三是大多数研究以多个国家式地区为研究对象,国别的研究较少,虽然能反映外汇储备的共性,但也正是这种共性而忽略了国别差异,从而使研究结论的适用性降低,特别是对持有巨额外汇储备的中国来说更是如此;四是已有的研究大多只重视币种结构的管理,很少考虑资产结构,从而没有很好地体现适度与超额规模管理的差异,也未能将币种结构选择与资产结构优化相结合，严格地说，只进行货币结构优化不是完全意义上的资产优化配置。

为此，本章以外汇储备的多层次需求为前提，将多层次、系统的管理思想融入外汇储备资产优化配置中，首先通过建立我国适度外汇储备币种结构优化的 AHP 模型，测算出最优币种权重。其次，在币种结构确定的基础上再建立改进的资产结构优化 AHP 模型，并计算出适度储备的资产权重，从而实现了在适度储备资产优化配置中币种结构和资产结构的真正结合。最后，提出针对性和可操作性较强的对策建议。本章相应的结构安排如下：第一节引言，第二节适度外汇储备的币种结构优化；第三节建立适度外汇储备资产结构优化的 AHP 模型，在币种权重确定的基础上进一步计算出适度储备的资产权重；第四节结果分析；第五节本章总结。

5.2 适度外汇储备的币种结构优化

5.2.1 AHP 模型及其在外汇储备结构管理中的适应性

层次分析法（The Analytic Hierarchy Process，AHP）是 20 世纪 70 年代由美国著名的运筹学家 T. L. Saaty 教授提出，适合于复杂问题的系统分析与决策方法。它是一种定性与定量相结合、系统化、层次化的分析方法。该方法模仿人们对复杂问题的思维、判断和决策过程，是将决策者的思维过程进行层次化、数量化并最终获得抉择结果的方法。层次分析法通常按四个步骤进行分析：① 建立递阶层次结构模型。层次结构一般分为三层，最上层为目标层，最下层为方案层，中间是准则层或指标层，若上层的每个因素都支配着下一层的所有因素，或被下一层所有因素影响，就称为完全层次结构，否则称为不完全层次结构。② 构造成对比较矩阵。从第二层开始利用 1～9 的比较标度构造成对比较矩阵。③ 计算单排序权向量并做一致性检验。求最大特征对应的归一化特征向量,做一致性比率检验。④ 计算总排序权向量并做一致性检验。利用层次单排序,计算层次总排序,并做一致性检验。

选择层次分析法分析外汇储备的货币结构和资产结构问题的理由如下:首先,外汇储备管理是一个包括规模决定,资产优化配置和风险控制"三位一体"的复杂系统,而多目标、多层次和系统化是我国外汇储备管理中应该坚持的思想。其次,外汇储备资产的优化配置是这个复杂系统中一个相对重要的子系统。再次,适度外汇储备资产的货币结构分析又是外汇储备资产优化配置这个子系统中下一层次的子系统之一,由于影响适度储备货币结构和资产结构的因素很多,且影响机理也相对复杂,所以我们需要寻找适合的方法来对此进行分析,而层次分析法正好可以满足这一客观要求。显然,分析适度外汇储备货币结构和资产结构这个多目标、多层次决策的问题和构建 AHP 模型所需要的理论环境相当吻合。

由此可见,我们可将外汇储备的货币结构优化首先作为 AHP 模型的目标层,然后把影响货币结构的主要因素作为准则层,储备货币的种类则为方案层。综合运用定性与定量的方法分析各币种在各主要影响因素准则下的权重,进而确定各币种对货币结构优化目标的组合权重。并以各币种结构的分析结果为基础,进一步运用改进的不完全层次分析法分析适度外汇储备的资产结构,最终实现适度外汇储备资产优化配置中"以币种结构为主,资产结构为辅,并将两者有机结合"的配置策略。

5.2.2　币种结构优化的 AHP 模型构建

(1) 目标层

适度外汇储备资产优化配置是本章研究的最终目标,它应该由币种结构和资产结构两个部分组成，而这两个部分又不能截然分开，其实两者是紧密相关的，或者说是同一目标的两个方面。从适度外汇储备资产的功能来看，它主要是为了满足一国对外汇储备资产的流动性和安全性需求，主要执行的是“货币性资产”的职能，所配置的资产种类也应该是一年以内的流动性强的货币性资产。因此，本节的 AHP 模型分析首先用币种结构优化代替适度外汇储备资产优化配置的总目标，然后在币种结构已经确定的基础上，进一步测算出资产结构。

(2) 准则层

构建我国适度外汇储备币种结构的准则层，就是分析影响币种结构的因素并归纳出几种主要影响因素的过程。综合国内外已有的研究，影响外汇储备币种结构的因素主要有贸易规模、外债负担、FDI 利润回流、国际资本流动、外汇市场交易量、汇率制度、金融市场的开放和成熟程度、市场对该货币的信心、路径依赖和惯性、储备持有动机、各种储备货币的风险和收益、货币地位、本国经济规模与发展速度、对外融资能力、本币自由化程度、持有外汇储备的机会成本等。由于已有的这些研究都是把外汇储备规模看成一个整体来分析这个整体的币种结构比例，而本节则是在将外汇储备划分为适度规模和超额规模的基础上，专门研究我国适度外汇储备资产的优化配置，即币种结构优化和资产结构优化。因此，在综合考虑适度外汇储备的功能、资产优化配置的目标原则和策略基础上，结合我国现阶段的实际情况，本节将适度外汇储备资产的币种决定因素归纳为货币地位、支付结构、金融安全和汇率安排四种。

① 货币地位

一般来说，只有全面自由的可兑换货币才能成为国际储备货币，而一国货币能否成为全面自由兑换的重要世界货币主要取决于该国的货币地位，支撑一国货币地位的则主要是该国的经济实力。所以货币发行国的经济金融实力是选择储备货币时要重点考虑的因素之一。但是经济实力和货币地位又不是完全等同的，经济强国的货币不一定都是国际储备货币，只有完成了国际化过程，而且国际地位很高的世界货币才能成为国际储备货币。一般来说，国际地位很高的储备货币发行国拥有发达的金融市场，能为这些货币的交易、兑换、投资工具选择等提供便利，甚至为了规避各种金融风险，能提供相匹配的金融衍生工具进行操作，在必要时为储备货币的风险管理提供条件。所以，只有货币地位很高的货币才能成为真正的安全港货币，显然，货币地位是影响储备货币结构的关键因素之一。

② 支付结构

持有外汇储备的基本动机之一就是满足一国对外经济贸易往来的货币需求。在我国持有巨额外汇储备的背景下，对外支付的能力是没有问题的，关键是持币结构和对外支付所需货币结构的一致性，这就是对外支付结构问题。本书认为影响适度外汇储备币种结构的对外支付结构主要包括进口结构、外债结构和外商直接投资(FDI)结构三个方面，它们分别表现在进口支付，偿还外债本息及 FDI 利润回流等方面都需要考虑支付币种和持有币种的相对一致性。另外，根据凯恩斯的货币需求理论，从一国对外汇储备的需求角度来分析，对这三部分支付的需求属于“交易性需求”，它由一国维持正常进口、偿还外债本息及外资企业汇出利润所需的外汇需求构成(周光友、罗素梅，2011)。所以本书把这三个部分合称为对外支付结构。

③ 金融安全

随着外汇储备功能的不断演变和发展，外汇储备在抵抗金融风险和维护金融安全方面的功能逐渐被世界各国所认识。我国高额的外汇储备在应对国际金融危机、抵抗国际金融风险和维护金融安全稳定等方面发挥了积极的作用。但从长期来看，我国外汇储备能否持续增长还不确定，甚至还有可能会发生外汇流入“骤停”和资本外逃现象，本币汇率大幅波动等极端情形。因此，为防止金融市场的意外波动和应对可能出现的极端情形，不但要使这部分外汇储备的持有规模和货币结构都符合要求，而且还要绝大部分以货币性资产形式持有。虽然不能确切地知道这部分外汇储备何时派上用场，却要随时准备着，以防应急之需，这也是维护金融安全的外汇储备需求属于适度储备需求的原因。

④ 汇率安排

汇率安排作为影响储备货币结构的重要因素是因为干预外汇市场，维持本币汇率稳定是一国外汇储备的基本功能之一。我国现行的汇率制度是以市场供求为基础、参考一篮子货币进行调节、有管理的浮动汇率制度，篮子内的货币构成是综合考虑我国对外贸易、外债和 FDI 等对外经贸活动占较大比重的主要国家和地区的货币。然而，如果仅从一篮子货币的币种和权重的确定因素来看，会发现它和支付结构所考虑的因素有部分重复。但由于本书分析的是我国适度外汇储备的货币结构和资产结构，因此适度外汇储备主要执行的是“货币性资产”功能，在资产配置过程中应该主要注重资产的流动性和安全性，而相对弱化收益性。也就是说，更应该看重合理币种结构搭配的潜在收益而不是投资收益率。所以，本书仍将汇率安排作为一个独立的储备币种结构影响因素主要是为了分析“篮子”中的货币与人民币的潜在汇兑损益，以便及时了解人民币汇率的变化情况，维持人民币汇率的日常稳定。

(3) 方案层

构建我国适度外汇储备最优币种结构的方案层就是选择储备货币种类的过程。按传统的观点，中央银行一般按经济实力原则、交易匹配原则和币值稳定原则来选择储备货币。但若按这三大原则，人民币应该当之无愧地成为他国的主要储备货币，因为从经济实力看，我国的 GDP

总量很大，在 2010 年末已跃居世界第二，从交易匹配来看，中国的对外贸易对世界贸易具有举足轻重的作用。据 WTO 公布的数据显示，2000—2009 年的十年间，中国出口量和进口量年均增长速度分别为 17％和 15％，远远高于同期世界贸易总量 3％的年均增长速度，并且，我国对外贸易占世界贸易的比重在 2010 年已超过 10％。另外，人民币也是币值相对稳定的硬通货。可是人民币却还不是国际储备货币，其原因主要是人民币的国际化程度还不高，这说明一国在选择储备货币时，比三大原则更重要的是货币的国际化程度和国际地位，即一国货币执行“世界货币”功能的能力和程度。所以，尽管在提倡储备货币多元化的背景下，可供选择的货币种类仍然非常有限，主要是美元、欧元、日元、英镑和瑞士法郎等少数几种传统的强国货币（其中欧元主要代替原来的德国马克和法国法郎的储备地位），其他货币入选的可能性不大，就算入选，其持有比例也很低。其原因不难理解，一方面，在现实中，一国储备货币的选择可能更注重货币的国际化程度高低，也就是货币的可接受性和自由兑换性，一国货币只有走出国门后仍能充当货币的职能，才能成为他国储备的备选货币。这和货币发展史上某种商品为什么能从众多商品中脱颖而出，成为固定的充当一般等价物的特殊商品的原理是相似的。另一方面，一国储备货币的选择是有路径依赖和惯性的，一般不会很快做出大规模的调整。所以，只要国家和货币之间的竞争存在，就会有少数几种强势货币的存在，并且占据着国际储备货币的位置，国际储备货币的种类不可能很多。

从现实的角度分析，目前在国际贸易、计价、结算、投资及其他经贸往来活动中，仍然能承担世界货币职能，且使用量较大的货币也主要是美元、欧元、日元、英镑等少数几种货币。另外，根据 IMF 官方公布的 COFER 数据显示，2001—2010 年的十年间发展中国家的外汇储备年平均货币结构约为：美元 62.42％、欧元 28.85％、日元 4.47％、英镑

2.19%、瑞士法郎 0.10%、其他 2.02%。[①] 由此可知，美元、欧元、日元和英镑占发展中国家外汇储备的合计比例平均达到 98%左右。综合上述分析，我国适度外汇储备的币种也应主要选择美元、欧元、日元和英镑，至于各币种的具体比例我们应结合我国的实际情况进行分析。另外，为了便于本书的 AHP 模型分析，将美元、欧元、日元和英镑作为方案层，并将这四种货币的权重之和视为 1。

结合目标层、准则层和方案层的金融学含义，可建立我国适度外汇储备币种结构优化的 AHP 模型，见图 5-1。

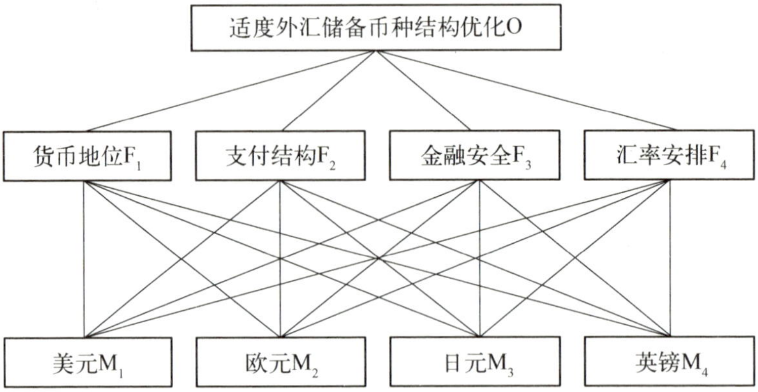

图 5-1　适度外汇储备币种结构优化的 AHP 模型

5.2.3　各层次成对比较矩阵的构造及检验

根据图 5-1 所示的层次结构模型，要确定我国适度外汇储备的币种结构，共需要构造五个判断矩阵，分别是 O—F、F_1—M、F_2—M、F_3—M、F_4—M。根据我国目前的具体情况，采用定性与定量相结合的方法，分别对影响储备币种结构因素的重要性进行分析并赋值，然后计算出我国适度外汇储备的币种组合比例。

---

① 数据来源：根据国际货币基金组织(IFM)的(COFER)数据计算整理。

（1）准则层因素的重要性分析及权重的确定

根据图5-1的层次结构模型，分析我国适度外汇储备的币种结构应该综合考虑经贸结构、货币地位、金融安全和汇率安排四大影响因素。这些因素对适度外汇储备币种结构的影响程度或者说对币种组合的贡献度是不同的，结合前面对这四大因素的选择理由再对他们作进一步的重要性排序分析。

首先，货币地位是最重要的。从货币职能的角度来看，一般是只有先具备世界货币的职能，才能成为国际储备货币。一种货币的国际化程度及在国际经贸活动中的普遍接受性会直接影响该货币的储备地位及储备比重。因此，货币地位自然是位列四个因素之首。

其次，支付结构较货币地位次之。本书界定的支付结构主要包括进口结构、外债结构和FDI结构。从我国的情况看，满足这些对外支付的货币需求是持有外汇储备的基本动机，并由它们来实现适度外汇储备的主要功能。

再次，支付结构优于金融安全。金融安全对一国来说确实很重要，外汇储备在抵抗金融风险和保障金融安全方面的作用日益显现，并被世界各国所认识。但是如果我国在各种对外经贸往来的支付方面都没有问题的话，金融安全也一般不会受到威胁，所以，对适度外汇储备的币种结构优化来说，本书认为支付结构的重要程度高于金融安全。

最后，相比之下，我们把汇率安排放在四个因素之末。本书认为适度外汇储备资产的管理主要应该注重资产的流动性和安全性，收益性只能是兼顾，我们引入汇率安排因素主要是考虑人民币与主要储备货币之间兑换的收益和风险，即如何规避汇率风险，维持人民币日常汇率的稳定。

通过上述分析，结合1—9的比较标度，应用YAahp V0.5.2软件构造判断矩阵O—F，并计算矩阵的相关指标，其结果输出见表5-1。

表 5-1　判断矩阵 O—F 及特征向量

最优币种结构 O	货币地位 F_1	支付结构 F_2	金融安全 F_3	汇率安排 F_4	W_i
货币地位 F_1	1.000 0	2.000 0	3.000 0	5.000 0	0.472 3
支付结构 F_2	0.500 0	1.000 0	2.000 0	4.000 0	0.285 4
金融安全 F_3	0.333 3	0.500 0	1.000 0	3.000 0	0.169 7
汇率安排 F_4	0.200 0	0.250 0	0.333 3	1.000 0	0.072 5

注：根据软件输出结果，$\lambda_{max} = 4.051\ 1$。

根据表 5-1 中判断矩阵计算输出结果可知，矩阵的最大特征值 $\lambda_{max} = 4.051\ 1$，W_i 为最大特征值对应的特征向量，即 $W = (0.472\ 3, 0.285\ 4, 0.169\ 7, 0.072\ 5)^T$，为了确定特征向量就是我们所需要的权向量，需要检验所构造成对比较矩阵的一致性，一致性比率的计算公式为

$$CR = \frac{CI}{RI} \tag{5-1}$$

式中　CR ——一致性比率；

RI ——随机一致性指标。

可通过查表获得，CI 表示一致性指标，其计算公式为

$$CI = \frac{\lambda_{max} - n}{n - 1} \tag{5-2}$$

式中　λ_{max} ——矩阵的最大特征值；

n ——矩阵的对角线元素之和，也为矩阵的特征根之和。

根据式(5-1)和式(5-2)，并应用 YAahp V0.5.2 软件进行计算，得到一致性比率 $CR = 0.019\ 1 < 0.10$，表明通过一致性检验。因此，可得到货币地位、支付结构、金融安全及汇率安排的权重分别为 47.23%、28.54%、16.97%和 7.25%。(本部分以下的判断矩阵，除支付结构准则下的判断矩阵外，构造和计算都使用 YAahp V0.5.2 软件，一致性比

率都是根据式(5－1)和式(5－2)计算而得，一致性比率的检验目的、标准和过程也同上。)

(2) 货币地位准则下的币种权重

根据前面的分析，我们认为决定一国货币国际地位高低的因素主要是该国的货币国际化程度和经济实力。

从货币国际化程度和执行国际货币职能的角度来看，美元具有明显的优势，它作为重要的国际货币，其国际性、自由兑换性和可接受性都很高，当然它也是国际贸易中的主要计价、结算货币。其次欧元、日元和英镑的国际地位也较高。

英镑是传统的强势货币，但在第二次世界大战后，其强势地位逐渐被美元所取代。日元在 20 世纪 70 年代开始国际化，虽然国际化进程不太顺利，但也成为国际货币。欧元是国际货币的新成员，虽然真正流通和使用截止本书写作时只有 10 年，但它是由超国家的中央银行，即欧洲中央银行发行的区域性货币，在欧盟多国流通和使用，其影响力很大，再加上它延续和继承了联邦德国马克和法国法郎等货币的强势地位，所以欧元已经迅速成长为重要的国际货币。由于一国货币的国际化程度及国际地位高低是该种货币能否成为国际储备货币的重要决定因素。换个角度来说，当前的重要国际储备货币，其国际地位也很高。根据 IMF 官方公布的 COFER 数据显示，2001—2010 年的 10 年间世界外汇储备年平均货币结构为：美元 65.3%、欧元 24.87%、日元 3.74%、英镑 3.66%，四种货币的合计比例为 97.57%。[①]由此可知，这四种货币是主要的国际储备货币，其国际地位也相对较高。

从经济实力来看，2010 年和 2011 年全球 GDP 排名前十位的国家都依次是美国、中国、日本、德国、法国、英国、意大利、巴西、加拿大和俄

① 数据来源：根据国际货币基金组织(IFM)的(COFER)数据计算整理。

罗斯。其中 2011 年美国、日本、德国、法国和英国的 GDP 分别为 15.92 万亿美元、5.97 万亿美元、3.31 万亿美元、2.56 万亿美元和 2.26 万亿美元。①这些国家的经济实力无疑是支撑自身货币地位的坚强后盾。

根据上述分析，结合比较标度构造判断矩阵 F_1—M，其输出结果见表 5-2。

表 5-2　判断矩阵 F_1—M 及特征向量

货币地位 F_1	美元 M_1	欧元 M_2	日元 M_3	英镑 M_4	W_i
美元 M_1	1.000 0	4.000 0	6.000 0	9.000 0	0.600 4
欧元 M_2	0.250 0	1.000 0	5.000 0	7.000 0	0.269 3
日元 M_3	0.166 7	0.200 0	1.000 0	3.000 0	0.088 1
英镑 M_4	0.111 1	0.142 9	0.333 3	1.000 0	0.042 2

注：根据软件输出结果，$\lambda_{max} = 4.242\,4$。

根据表 5-2 中判断矩阵计算输出结果可知，矩阵的最大特征值 $\lambda_{max} = 4.242\,4$，W_i 为最大特征值对应的特征向量，即 $W = (0.600\,4, 0.269\,3, 0.088\,1, 0.042\,2)^T$，一致性比率 $CR = 0.090\,8 < 0.10$，表明通过一致性检验。因此，在货币地位准则下美元、欧元、日元及英镑的权重分别为 60.04%、26.93%、8.81%和 4.22%。

(3) 支付结构准则下的币种权重

从分析影响适度外汇储备币种结构因素的角度，对外支付结构主要包括进口结构、外债结构和外商直接投资结构，下面分别对这三种结构作进一步分析。

① 进口结构

一国的出口贸易是外汇储备的重要来源之一，同时满足对外进口支付又是持有外汇储备的主要动机之一。通常情况下，一国与某国的对外

① 资料来源：美国中央情报局(CIA)出版。

贸易额越大，外汇储备中也应该持有相对较多的该国货币。H. R. Heller，M. Knight(1978)的研究发现，一国对美国的贸易每增加 1%，其外汇储备中美元的比重就会约增加 0.6%。这说明贸易结构是影响储备币种结构的重要因素，我们可通过分析我国的进口贸易情况来分析进口结构对适度外汇储备币种结构的影响。表 5－3 是近五年来我国与主要贸易伙伴的进口贸易金额及占全年进口的比重简表。

从表 5－3 中可以清楚地看出，我国从 2007—2011 年的进口贸易情况。首先，日本、欧盟、东盟和韩国是我国进口金额和比重都较大的四大贸易伙伴，他们的五年平均占比都在 10% 以上，分别为 12.83%、12.04%、10.88% 和 10.04%。其次，中国台湾和美国的平均比重也较大，两者都在 5%以上。再次，俄罗斯、新加坡和中国香港的平均比重则相对较小，都在 3%以下。

从进口支付惯例和计价、结算货币来看，美元的地位仍然不可撼动。我国与日本的年平均进口贸易 12.83%计入日元，欧盟的 12.04%中除去 1%计入英镑外，其余 11.04%计入欧元，美国的 7.29%计入美元。东盟国家的贸易结算以美元为主，将其 10.88%的比例计入美元。韩元、台币、卢布等都不是可自由兑换货币，港元虽是自由兑换货币，但也不是主要国际储备货币，而且它们都是盯住美元的，所以，将我国与相应货币发行国家和地区的进口贸易比例都计入美元。另外，表 5－3 中主要贸易伙伴之外的 20%左右进口贸易比例也计入美元。综合上述分析，如果仅考虑进口贸易结构，目前我国适度外汇储备中美元、欧元、日元、英镑的比例估计为 75.13%、11.04%、12.83%和 1%。

② 外债结构

偿还外债本息是外汇储备的主要功能之一，一国能否履行按期偿还外债本息的义务是考察其对外清偿力高低的指标。为保证我国按期偿还外债本息，除了要维持足够的偿债能力外，还必须要保持适度储备的

表 5-3 2007—2011 年中国和主要贸易伙伴的进口贸易金额及占比

金额单位：亿美元

国家（地区）	2007		2008		2009		2010		2011		平均占比
	金额	占比	金额	占比	金额	占比	金额	占比	金额	占比	
总　值	9 561.16	100%	11 325.67	100%	10 059.23	100%	13 948.29	100%	17 434.58	100%	100%
日　本	1 339.51	14.01%	1 506.51	13.30%	1 309.38	13.02%	1 767.07	12.67%	1 945.90	11.16%	12.83%
欧　盟	1 109.6	11.61%	1 327	11.72%	1 277.58	12.70%	1 684.77	12.08%	2 111.93	12.11%	12.04%
东　盟	1 083.69	11.33%	1 169.74	10.33%	1 067.14	10.61%	1 545.69	11.08%	1 927.71	11.06%	10.88%
韩　国	1 037.57	10.85%	1 121.62	9.90%	1 025.52	10.19%	1 384	9.92%	1 627.09	9.33%	10.04%
中国台湾	1 010.22	10.57%	1 033.4	9.12%	857.23	8.52%	1 156.94	8.29%	1 249.20	7.17%	8.73%
美　国	693.79	7.26%	814.4	7.19%	774.43	7.70%	1 020.38	7.32%	1 221.54	7.01%	7.29%
澳大利亚	258.52	2.70%	374.19	3.30%	394.39	3.92%	608.66	4.36%	827.23	4.75%	3.81%
俄罗斯	196.77	2.06%	238.25	2.10%	212.83	2.12%	258.36	1.85%	403.45	2.31%	2.09%
新加坡	175.19	1.83%	201.35	1.78%	177.97	1.77%	247.1	1.77%	279.12	1.60%	1.75%
中国香港	128.16	1.34%	129.23	1.14%	87.12	0.87%	122.58	0.88%	154.99	0.89%	1.02%

注：数据来源，国研网数据中心（经计算整理），其中欧盟 5 年的平均值 12.04%中包括英国的约 1%。

币种结构能满足偿债要求。在此,假设我国每年外债来源的货币结构与偿还本息所需的货币结构基本一致,这样就能通过分析外债的来源结构间接获得偿还外债本息所需的货币结构。根据 2007—2011 年国家外汇管理局的《中国国际收支报告》中相关的数据和结论,我们可编制近五年的中国外债货币结构简表(表 5-4)。

表 5-4　2007—2011 年中国的外债货币结构

币　种	2007	2008	2009	2010	2011	平均值
美　元	68%	68%	68%	70%	76%	70%
欧　元	7%	6%	6%	4%	7%	6%
日　元	11%	12%	12%	9%	8%	10%
英镑及其他货币	14%	14%	14%	17%	9%	14%

注:数据来源,根据 2007—2011 年的《中国国际收支报告》整理计算。

从表 5-4 可知,2007 年至 2011 年的五年中,我国的外债货币比例平均为美元 70%、欧元 6%、日元 10%、英镑及其他货币 14%。其中,美元和日元的债务占比较大,不论从每年的比重还是五年的平均值来看,两者的合计都在 80%左右。英镑及其他债务包括英镑、港元、特别提款权等,平均比例为 14%,从偿还外债本息所需币种结构来分析,将英镑之外的其他债务比例都计入美元,并把 14%的比例拆分为 9%计入美元,5%算作英镑。因此,如果仅考虑外债结构因素,我国适度外汇储备的币种权重估计为美元 79%、欧元 6%、日元 10%、英镑 5%。

③ 外商直接投资结构

外商直接投资和外汇储备有着密不可分的联系,一方面,我国的外汇储备来自经常项目和资本金融项目的顺差,而外商直接投资则是资本金融项目顺差的主要来源。另一方面,满足外商直接投资的利润回流则是我国持有外汇储备的基本动机之一。随着我国对外开放程度的加大,外商直接投资也迅速增长,同时,外商直接投资的利润回流也逐渐增加。

表 5 - 5　2007—2011 年我国主要实际外商投资金额及占比①

金额单位：亿美元

国家（地区）	2007		2008		2009		2010		2011		平均值	
	金额	占比/%	金额	占比/%	金额	占比/%	金额	占比/%	金额	占比/%	金额	占比/%
总　计	747.68	100	923.95	100	900.33	100	1 057.32	100	1 160.11	100	957.88	100
中国香港	277.03	37.05	410.36	44.41	460.75	51.18	605.67	57.28	770.11	66.38	504.78	51.26
欧　盟	38.38	5.13	49.95	5.41	59.52	6.61	65.89	6.23	63.48	5.47	55.44	5.77
新加坡	31.85	4.26	44.35	4.8	36.05	4	54.28	5.13	63.28	5.45	45.96	4.73
日　本	35.89	4.8	36.52	3.95	41.05	4.56	40.84	3.86	63.48	5.47	43.56	4.53
美　国	26.16	3.5	29.44	3.19	35.76	3.97	40.52	3.83	29.95	2.58	32.37	3.41
中国台湾	17.74	2.37	18.99	2.06	18.81	2.09	24.76	2.34	67.27	5.8	29.51	2.93
韩　国	36.78	4.92	31.35	3.39	27	3	26.92	2.55	25.51	2.2	29.51	3.21

注：数据来源，国家统计局、国家外汇管理局网站、商务部各年度《中国外资统计》（经计算整理），其中欧盟 5 年的平均占比 5.77%中包括英国的约 1%。

① 上述国家/地区对华投资数据包括这些国家/地区通过英属维尔京、开曼群岛、萨摩亚、毛里求斯和巴巴多斯等自由港对中国大陆进行的投资。

为了让FDI在良性的投资环境中运转，我国需要保持适度外汇储备的规模和持币结构都能同时满足FDI利润回流的要求。在此，假设我国每年吸收的外商直接投资币种结构与每年平均利润回流的币种结构大体一致，并且各国外资在我国的年均投资收益率基本相等。这样就可以通过分析FDI的来源结构获得利润回流的币种结构。表5-5是2007—2011年实际对华投资主要国家和地区统计表。

表5-5的统计数据显示，近五年我国实际利用外商直接投资额增长显著，其中2007年为747.68亿美元，而2011年达到了1 160.11亿美元，五年增长了55.16%，年均增长率达到13.73%。从国家或地区来看，香港地区是最大的投资主体，除了2009年外，每年增加的投资额都在100亿美元以上，五年的平均占比达到51.26%。日本和美国的平均比例分别为4.53%和3.41%。欧盟5.77%的平均占比中包括英国的1%。从外商直接投资利润回流的货币结构来分析，日本的4.53%为日元，欧盟的5.77%中4.77%为欧元，1%为英镑，美国的3.41%为美元，表5-5中其余国家和地区的平均占比及未包括在表中20%左右的比例都计入美元。根据上述分析，可得到仅考虑外商直接投资利润回流因素的我国适度外汇储备币种结构为：美元89.7%、欧元4.77%、日元4.53%、英镑1%。

综合考虑支付结构所包括的进口结构、外债结构和FDI结构下美元、欧元、日元和英镑的比例，可分别求出这四种货币的平均比例(表5-6)，并用它们作为支付结构的币种权重。

表5-6　支付结构的权重

币　种	进口结构	外债结构	FDI结构	平均值(支付结构)
美　元	75.13%	79%	89.7%	81%
欧　元	11.04%	6%	4.77%	7%
日　元	12.83%	10%	4.53%	9%
英　镑	1%	5%	1%	3%

根据上述分析，可得到支付结构准则下我国适度外汇储备的币种权重分别为：美元81%、欧元7%、日元9%和英镑3%。同时，为了进行完整的AHP模型分析，利用该计算结果反向构造判断矩阵F_2—M，见表5-7。

表5-7 判断矩阵F_2—M及特征向量

支付结构F_2	美元M_1	欧元M_2	日元M_3	英镑M_4	W_i
美元M_1	1.0000	0.81/0.07	0.81/0.09	0.81/0.03	0.81
欧元M_2	0.07/0.81	1.0000	0.07/0.09	0.07/0.03	0.07
日元M_3	0.09/0.81	0.09/0.07	1.0000	0.09/0.03	0.09
英镑M_4	0.03/0.81	0.03/0.07	0.03/0.09	1.0000	0.03

注：$\lambda_{max}=4$。

根据表5-7中判断矩阵计算结果可知，矩阵的最大特征值$\lambda_{max}=4$，W_i为最大特征值对应的特征向量，即$W=(0.81, 0.07, 0.09, 0.03)^T$，一致性比率$CR=0<0.10$，表明通过一致性检验。因此，在支付结构准则下美元、欧元、日元及英镑的权重分别为81%、7%、9%和3%。

(4) 金融安全准则下的币种权重

金融安全虽然对一国的经济金融体系很重要，但是金融安全的界定和衡量指标的选择却一直存在争议。从外汇储备能抵抗金融风险和维护金融安全功能的角度分析，如果我国央行在现实中突然遇到外汇市场大幅震荡，本币汇率剧烈波动，大量资本涌入或外逃以及外汇储备流入"骤停"等极端情况下，应该事先如何配置好适度外汇储备的币种结构，以备不时之需，化险为夷。

从外汇市场方面来看，在金融全球化和信息化的背景下，世界各地的外汇交易市场都被各大交易系统和交易终端连接成了全天候24小时可进行交易的市场。这个市场是金融市场中交易量最大的市场，其日均交易量超过 4 万亿美元。交易最活跃、流动性最大的货币主要包括上述五种主要货币和加元、澳元及新西兰元等几种商品货币，他们占所有外汇交易的 90%。如果按交易量对五种主要货币进行降序排名，他们依次是美元、欧元、日元、英镑和瑞士法郎。① 我国外汇市场是全球外汇市场不可分割的组成部分，据统计，2011 年我国外汇市场交易量达到 14.2 万亿美元，日均成交 581 亿美元，较 2006 年底增长了 4 倍，其中，2007 至 2011 年我国外汇市场交易量年均增长 40.3%。②交易货币主要是人民币对美元、港元、日元和欧元等。从世界及我国外汇市场的交易量及增长率变动情况可知，外汇市场的波动性很大，应该引起足够的重视。为控制世界外汇市场的异常波动对我国的传递和影响及我国外汇市场自身的大幅波动对本国经济的冲击，必须要有充足的外汇储备及其合理的币种安排，才能维护金融安全。

从跨境资本流动方面考虑，根据 2011 年中国跨境资金流动监测报告的统计数据，我国 2007 年跨国资本流动量为 17 704.12 亿美元，到 2011 年达到 25 745 亿美元，增加了 45.42%，年均增长 11.35%，③ 其中，国际借贷和直接投资是跨境资本流动的主要方面。根据本书前面对我国外债及外商直接投资币种结构的分析可知，2007—2011 年，我国的外债币种结构平均为美元 70%、欧元 6%、日元 10%、英镑及其他 14%，而同期的外商直接投资币种结构则是美元 89.7%、欧元 4.77%、日元 4.53%、英镑 1%。

综合外汇市场及跨境资本流动两方面的分析，并结合比较标度构造判断矩阵 F_3—M，其输出结果见表 5－8。

注：① 资料来源：中国经济网(http://www.ce.cn)。
② 资料来源：中商情报网(http://www.askci.com)。
③ 资料来源：2011 年中国跨境资金流动监测报告。

表 5-8　判断矩阵 F_3—M 及特征向量

金融安全 F_3	美元 M_1	欧元 M_2	日元 M_3	英镑 M_4	W_i
美元 M_1	1.000 0	4.000 0	6.000 0	8.000 0	0.608 8
欧元 M_2	0.250 0	1.000 0	4.000 0	5.000 0	0.244 6
日元 M_3	0.166 7	0.250 0	1.000 0	3.000 0	0.097 2
英镑 M_4	0.125 0	0.200 0	0.333 3	1.000 0	0.049 4

注：根据软件输出结果，$\lambda_{max} = 4.205\ 0$。

根据表 5-8 中判断矩阵计算输出结果可知，矩阵的最大特征值 $\lambda_{max} = 4.205\ 0$，W_i 为最大特征值对应的特征向量，即 $W = (0.608\ 8, 0.244\ 6, 0.097\ 2, 0.049\ 4)^T$，一致性比率 $CR = 0.076\ 8 < 0.10$，表明通过一致性检验。因此，在金融安全准则下美元、欧元、日元及英镑的权重分别为 60.88%、24.46%、9.72%和 4.94%。

(5) 汇率安排准则下的币种权重

确定汇率安排准则下的适度外汇储备币种权重，其实质就是在我国现行汇率制度下如何优化调整外汇储备的币种结构，并使之符合规避汇率风险，维持人民币日常汇率稳定的要求。通过考察美元、欧元、日元和英镑对人民币汇率的变化情况，分析这四种储备货币相对人民币的升值或贬值情况及波动幅度，间接获得这几种货币对维持人民币汇率稳定的重要程度。表 5-9 是在直接标价法下 2007—2011 年人民币对美元、欧元、日元和英镑的年平均中间价统计表。其中，年平均中间价的计算方法为，每个月的日平均中间价作为该月的汇价，每年 12 个月的月平均中间价作为该年的汇价。

根据表 5-9 中各货币的年平均汇率，可计算出 2008—2011 年美元、欧元、日元、英镑相对于人民币的年汇率波动率(表 5-10)，其计算公式如下：

$$k_t = (e_t - e_{t-1})/e_{t-1} \tag{5-3}$$

式中，k_t 为年汇率波动率(其中，k_t 为正值表示外币对本币升值；k_t 为负值表示外币对本币贬值)；e_t 和 e_{t-1} 分别表示当年汇率和上年汇率。此外，表 5 - 10 中的平均波动率为四年的平均值。

表 5 - 9　2007—2011 年人民币对各种外币的年平均中间价(直接标价法)

单位：人民币/100 单位外币

货　币	2007	2008	2009	2010	2011	平均值
美元	760.4	694.51	683.1	676.95	653.35	693.66
欧元	1 041.75	1 022.27	952.7	897.25	907.36	964.27
日元	6.463 2	6.742 7	7.298 6	7.727 9	8.024 5	7.251 4
英镑	1 522.36	1 378.03	1 026.84	1 055.9	1 050.16	1 206.66

注：资料来源，国家外汇管理局网站、国家外汇管理局各年度《中国国际收支报告》。

表 5 - 10　2008—2011 年美元、欧元、日元、英镑对人民币的年汇率波动率(%)

货　币	2008	2009	2010	2011	年平均波动率
美元	—0.086 7	—0.016 4	—0.009 0	—0.034 9	—0.036 8
欧元	—0.018 7	—0.068 1	—0.058 2	0.011 3	—0.033 4
日元	0.043 2	0.082 4	0.058 8	0.038 4	0.055 7
英镑	—0.094 8	—0.254 8	0.028 3	—0.005 4	--0.081 7

从表 5 - 10 中的平均波动率数据可知，2008—2011 年美元、欧元、日元和英镑的年平均波动率分别为 — 3.68%、— 3.34%、5.57% 和 —8.17%，分别表示美元贬值 3.68%、欧元贬值 3.34%、日元升值 5.57%和英镑贬值 8.17%。在四种货币中只有日元是升值的，而在贬值的货币中，欧元贬值幅度最小，如果仅从储备收益的角度考虑，在选择币种时，日元和欧元的比例应该大于美元和英镑。但本书认为，从适度储备的功能来看，维持人民币汇率稳定比获取储备收益更为重要，因此

在适度外汇储备币种结构的分析中,我们更关心汇率波动幅度的大小,而收益率只能兼顾。从波动幅度的角度看,英镑的波动幅度最大,日元次之,美元和欧元相对较小。所以从适度储备干预外汇市场,稳定本币汇率功能的角度出发,应该持有相对较多的英镑和日元,以平抑他们对人民币的大幅波动。不过,尽管从年均波动率的数据来看,美元和欧元对人民币的汇率波动较日元和英镑小,但是美元和欧元在我国外汇市场上的兑换量较大,所以汇率的小幅波动很可能会引起外汇交易量大幅变动,从而对外汇市场产生不小的冲击。所以,我们在构造判断矩阵时应尽可能综合权衡影响汇率稳定的各种因素。

根据上述分析,结合比较标度构造判断矩阵 F_4—M,其输出结果见表 5 - 11。

表 5 - 11　判断矩阵 F_4—M 及特征向量

汇率安排 F_4	美元 M_1	欧元 M_2	日元 M_3	英镑 M_4	W_i
美元 M_1	1.000 0	3.000 0	2.000 0	4.000 0	0.471 4
欧元 M_2	0.333 3	1.000 0	0.500 0	3.000 0	0.179 1
日元 M_3	0.500 0	2.000 0	1.000 0	2.000 0	0.253 3
英镑 M_4	0.250 0	0.333 3	0.500 0	1.000 0	0.096 2

注:根据软件输出结果,$\lambda_{max} = 4.1233$。

根据表 5 - 11 中判断矩阵计算输出结果可知,矩阵的最大特征值 $\lambda_{max} = 4.1233$,W_i 为最大特征值对应的特征向量,即 $W = (0.4714, 0.1791, 0.2533, 0.0962)^T$,一致性比率 $CR = 0.0462 < 0.10$,表明通过一致性检验。因此,在汇率安排准则下美元、欧元、日元及英镑的权重分别为 47.14%、17.91%、25.33%和 9.62%。

(6) 层次总排序

根据上述层次单排序的计算结果,可进一步计算出美元、欧元、日元、英镑相对于目标层的权重。

$$W_1 = 0.4723 \times 0.6004 + 0.2854 \times 0.81 + 0.1697 \times 0.6088 + 0.0725 \times 0.4714 = 0.6522$$

$$W_2 = 0.4723 \times 0.2693 + 0.2854 \times 0.07 + 0.1697 \times 0.2446 + 0.0725 \times 0.1791 = 0.2017$$

$$W_3 = 0.4723 \times 0.0881 + 0.2854 \times 0.09 + 0.1697 \times 0.0972 + 0.0725 \times 0.2533 = 0.1022$$

$$W_4 = 0.4723 \times 0.0422 + 0.2854 \times 0.03 + 0.1697 \times 0.0494 + 0.0725 \times 0.0962 = 0.0439$$

经过对层次总排序进行一致性检验，一致性比率 $CR = 0.0586 < 0.10$，完全符合要求，接受 AHP 模型的最终分析结果。所以，美元、欧元、日元和英镑在我国适度外汇储备币种结构优化中的组合权重分别为 65.22%、20.17%、10.22%和 4.39%。

5.3　适度外汇储备的资产结构优化

本书认为币种结构优化和资产结构优化不但是实现适度外汇储备资产优化配置目标的两个子目标，同时也是实现这一目标不可分割的两个方面。为此，在我国适度外汇储备资产的币种组合及结构已经确定的基础上，我们继续建立 AHP 模型进行资产结构的优化研究。

然而，在资产结构分析中建立的 AHP 模型和货币结构分析中将建立的 AHP 模型既有一脉相承的体系又有重要的改进和拓展。其体系的传承性主要表现在两个方面，一是两个层次结构模型的最终目标是一致的，即都是实现我国适度外汇储备资产的优化配置。二是货币结构层次模型的方案层将作为资产结构层次模型的准则层，且第一个模型的计算结果即各币种的权重将直接作为第二个模型的准则层权向量。本书对 AHP 模型的改进和拓展主要表现在三个方面，其一，币种结构分析中建立的是完全层次结构模型，而在资产结构模型中，由于不是准则层的每个因素都支配着方案层的所有因素，因此资产结构分析中建立的是不完全层次结构模型。其二，资产结构分析中的 AHP 模型，在构造成对比较矩阵时完全按一致阵的规则构造，不需要对矩阵进行一致性检验。其三，各种货币准则下的资产权重确定没有采用 1—9 的比较标度方法，而是采用实际数据进行比较及计算，获得各币种的资产组合权重，在很大程度上克服了层次分析法的主观性缺陷。

5.3.1 构建资产结构优化的 AHP 模型

为了让所建立的 AHP 模型更符合理论逻辑，我们做以下两个假定：

假定一：在我国适度外汇储备的资产配置过程中，币种结构的确定具有决定性作用，影响货币结构的因素都会通过传导机制影响到资产结构的变化。

假定二：我国适度外汇储备资产都投资到货币市场，即投资工具都选择到期期限不超过一年的货币市场工具。这些短期资产才更符合适度外汇储备实现自身功能和保持资产流动性及安全性的要求。

(1) 目标层和准则层的确定

目标层的确定沿用前面的论述及思想，即用资产结构优化代替适度外汇储备资产的优化配置作为目标层。

资产结构优化的准则层直接引用货币结构层次模型的方案层，即美元、欧元、日元和英镑四个因素代替。而且币种结构模型的计算结果即各币种的权重将直接作为资产结构模型的准则层权向量。

（2）方案层的确定

适度外汇储备资产结构优化方案层的确定也就是选择资产种类的过程。针对适度外汇储备的功能和特点及我国适度外汇储备的资产配置目标、原则和策略，在资产配置的过程中，应该充分重视资产的流动性和安全性，而收益性只能是兼顾，这就决定了应主要选择货币市场工具。当然，货币市场工具可以是外币现金、活期存款、各种短期外币存款、储备货币发行国的国库券、各种短期政府机构债券、高等级短期企业债券和包括几种或多种货币市场工具组合的货币市场基金等。为了便于分析，我们将这些资产归纳为货币性存款、短期国债、短期政府机构债券和货币市场基金四个大类，并分别对每一类资产进行界定。

货币性存款：指存款期限从 0 天到 1 年，变现能力极强和变现成本极低的“货币性”存款。该类存款包括现金、活期存款和 1 年期以内（含 1 年）的各种短期存款。把现金划归为此类资产是因为在金融全球化和计算机、通信技术高度发达的今天，电子货币的大量使用模糊了货币层次之间的界限，现金的使用量在明显减少。由于货币性资产主要是为了满足基本的交易需求，因此，在我国适度外汇储备资产配置中，货币性存款是必须选择的资产形式。

短期国债：各国中央政府发行的期限不超过一年的短期债券，是货币市场上重要的融资工具。发行短期国债的主要目的在于筹措短期资金，解决本国财政困难，这同时也为他国的外汇储备短期投资提供了高质量的备选资产。由于有发行国中央政府的担保，短期国债成为各国外汇储备的重要短期投资工具，在储备中的占比一般相对较高。

短期政府机构债券：政府机构债券是指除中央政府以外，其他经批准的政府部门和有关机构发行的借款凭证。而短期政府机构债券则是指到期期限在1年以内(含1年)的政府机构债券，它包括原始期限在1年以内的短期政府机构债券和未到期(期限在1年以内)的中长期政府机构债券。此类债券虽然不是政府的直接债务，但通常有政府的担保或隐性担保，其安全性也相对较高，所以成为各国外汇储备青睐的投资品种。

货币市场基金(Money Market Fund，简称为MMF)：是指投资于货币市场上短期有价证券的一种投资基金。该基金产生于20世纪70年代的美国，它主要投资于短期货币工具，如国库券、商业票据、银行定期存单、政府短期债券、企业债券等短期有价证券。一般来说，货币市场基金投资于货币市场中高质量的证券组合，具有收益稳定、流动性强、安全性高等特点，并且具有可用基金账户签发支票、支付消费账单等优点。因此，货币市场基金通常被视为无风险或低风险投资工具，适合资本短期投资生息以备不时之需。显然，货币市场基金是我国适度外汇储备的理想投资工具。

如何根据上述各种投资工具的特点，并结合我国适度外汇储备资产配置的目标和策略，在各币种下进行合理的资产组合是本书力求突破的难点。因此，我们根据各国货币市场的发达程度和适度储备资产配置的需要，再结合本书测算出的币种权重，并在美元、欧元、日元和英镑币种下都分别配置货币性存款、短期国债和货币市场基金，而短期政府机构债只选择在美元下进行配置。理由有两个方面，其一，美国的货币市场相对发达，可选择的投资工具较多。其二，本书测算出的适度储备美元比例高达65.22%，超过其他三种货币比重之和，这客观上要求选择更多的资产种类来分散投资风险。所以，本书所建立的资产结构优化的AHP模型，在欧元、日元和英镑货币下都不包括短期政府机构债，属于不完全层次结构模型。

(3) 资产结构优化的 AHP 模型

根据所确定的目标层、准则层和方案层，可建立资产结构优化的 AHP 模型(图 5-2)。

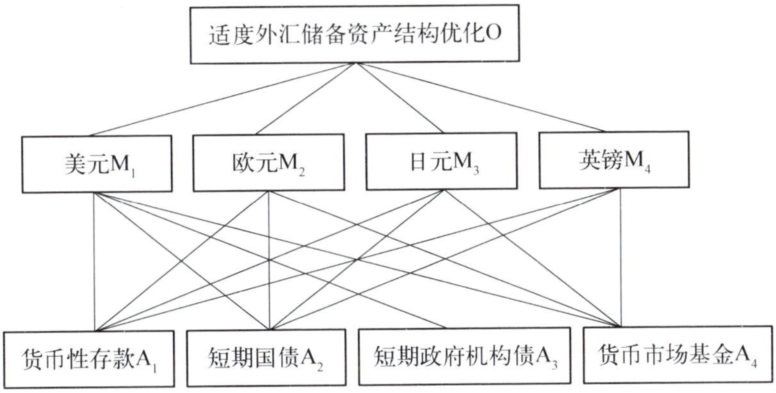

图 5-2　适度外汇储备资产结构优化的 AHP 模型

5.3.2　AHP 模型求解

根据图 5-2 所示的 AHP 模型，要确定我国适度外汇储备的资产结构，一共需要构造五个判断矩阵，它们分别是 O—M、M_1—A、M_2—A、M_3—A、M_4—A。也就是说我们要先确定准则层的各币种权重，再确定各币种准则下的资产权重，最后计算出我国适度外汇储备的资产结构。但在此要特别说明的是，本书在资产结构优化中使用的 AHP 模型，更注重的是模型本身的思想，而对模型的求解方式(即判断矩阵的赋值和权向量的计算方式)将进行重要的改进和拓展。首先，我们是在币种结构已知的基础上分析资产结构，币种结构直接引用前面的计算结果，即 O—M 判断矩阵的权向量分别为美元 65.22%、欧元 20.17%、日元 10.22%、英镑 4.39%。其次，根据方案层中各种资产的收益率指标计算求解各币种准则下的资产权重。最后，计算整个适度外汇储备的最优资产组合权重。

（1）正互反矩阵的一致性及最大特征向量的计算方法

若矩阵 $A=(a_{ij})_{n\times n}$ 满足 $a_{ij}>0$，$a_{ij}=1$（当 $i=j$），$a_{ij}=1/a_{ji}$（当 $i\neq j$）三个特征时，称矩阵 A 为正互反矩阵。在正互反矩阵 A 中，定义 $a_{ij}=a_i/a_j$，若 $a_{ik}\cdot a_{kj}=a_{ij}$，则 A 为一致阵。

为了计算的简洁性，采用和法计算正互反矩阵的最大特征向量，相应的计算步骤和公式如下：

① 将 A 的每一列向量归一化，其公式为

$$\widetilde{w}_{ij}=a_{ij}/\sum_{i=1}^{n}a_{ij} \tag{5-4}$$

② 对 $\widetilde{w}_{ij}$ 按行求和得

$$\widetilde{w}_i=\sum_{j=1}^{n}\widetilde{w}_{ij} \tag{5-5}$$

③ 将 $\widetilde{w}_i$ 归一化得到 w_i，计算公式如下：

$$\widetilde{w}=(\widetilde{w}_1,\widetilde{w}_2,\cdots,\widetilde{w}_n)^{\mathrm{T}} \tag{5-6}$$

$$w=(w_1,w_2,\cdots,w_n)^{\mathrm{T}} \tag{5-7}$$

$$w_i=\widetilde{w}_i\Big/\sum_{i=1}^{n}\widetilde{w}_i \tag{5-8}$$

（2）数据与指标

根据我国适度外汇储备资产结构优化的 AHP 模型图（图 5-2），本书选择方案层中的四种资产，即货币性存款、短期国债、短期政府机构债和货币市场基金作为美元、欧元、日元和英镑四种货币准则下的备选资产。同时，为了便于统一比较分析，选择各种货币的各类资产比较期限都为半年。所以，本书选取 2003—2012 年的 10 年期间这四种资产分别

在相应四种货币发行国的半年期名义收益率作为比较指标。其中，货币市场基金收益率的数据用货币市场收益率来代替，欧元货币市场基金收益率用德国的数据来代替，欧元短期国债收益率则通过综合欧元区主要国家的政府债券计算而得。各种货币的货币性存款、短期国债和短期政府机构债收益率数据来自彭博资讯（Bloomberg）数据库，货币市场基金收益率数据来自 International Financial Statistics（IFS）。数据处理方法为计算出各种货币下各类资产的半年期 10 年平均收益率，并以此作为该项资产的预期收益率，计算结果见表 5－12。

表 5－12　四种货币的各类资产半年期 10 年平均收益率统计表

适度储备资产	美 元	欧 元	日 元	英 镑
货币性存款	2.344 2%	2.360 6%	0.363 5%	3.427 3%
短期国债	1.915 8%	2.017 1%	0.216 1%	3.124 9%
短期政府机构债	2.069 0%	NA	NA	NA
货币市场基金	1.818 2%	1.939 4%	0.143 1%	2.973 1%

注：资料来源，根据来自 International Financial Statistics（IFS）的货币市场基金收益率数据和来自彭博资讯（Bloomberg）数据库的其他三类资产收益率数据计算整理而得。

中央银行作为外汇储备的主要管理机构，承担着适度外汇储备资产优化配置并使其保值增值的责任。但是适度外汇储备属于一国“刚性”需求的外汇储备，中央银行即便是理性的投资者，也属于风险规避型投资者，对该部分储备资产的投资一般不以追求利益最大化为目标，而是更注重资产的安全性和流动性。然而，不注重“收益性”并不等于不需要考虑，毕竟它也是实现资产优化配置的目标之一，因此，中央银行在充分考虑适度储备所执行的各项功能以及资产组合的流动性和安全性后，收益性也是应该考虑的目标。所以，本书在此阶段选取各种资产的半年期 10 年平均收益率作为比较指标，在各种货币准则下构造成对比较矩阵及计算收益最大化的资产组合权向量，并最终计算出针对适度储备资产优化配置“注重流动性和安全性，并兼顾收益性”这个总目标的资产组合权向量。

(3) 构造成对比较矩阵及计算权向量

① 美元资产组合的权向量确定

美元是我国适度外汇储备中占比最大的币种，其比例高达65.22%，对美元资产的配置显然非常重要。我们选择货币性存款、短期国债、短期政府机构债和货币市场基金四种资产进行组合，根据表5-12中的数据，这四种美元资产的半年期10年平均收益率分别为2.344 2%、1.915 8%、2.069 0%和1.818 2%。下面分别用这些收益率来构造成对比较矩阵 M_1—A，并用 R_1 表示。同时，M_1—A 和其后的 M_2—A、M_3—A 和 M_4—A 都严格按一致的正互反矩阵来构造，从而不需要进行一致性检验。

$$R_1=\begin{pmatrix} 1 & 2.3442/1.9158 & 2.3442/2.0690 & 2.3442/1.8182 \\ 1.9158/2.3442 & 1 & 1.9158/2.0690 & 1.9158/1.8182 \\ 2.0690/2.3442 & 2.0690/1.9158 & 1 & 2.0690/1.8182 \\ 1.8182/2.3442 & 1.8182/1.9158 & 1.8182/2.0690 & 1 \end{pmatrix} \tag{5-9}$$

通过用式(5-4)至式(5-8)的和法计算式(5-9)正互反矩阵的最大特征向量为

$$x(R_1)=\begin{pmatrix} 0.2877 \\ 0.2352 \\ 0.2539 \\ 0.2232 \end{pmatrix} \tag{5-10}$$

式(5-10)结果表明，在美元资产中，货币性存款、短期国债、短期政府机构债和货币市场基金的权重分别为28.77%、23.52%、25.39%

和 22.32%。

② 欧元资产组合的权向量确定

在欧元资产配置中选择货币性存款、短期国债和货币市场基金三种资产进行组合，根据表 5－12 中的数据，这三种欧元资产的半年期 10 年平均收益率分别为 2.360 6%、2.017 1% 和 1.939 4%，然后分别用这些收益率数据来构造成对比较矩阵 M_2—A，并用 R_2 表示。

$$R_2=\begin{pmatrix}1 & 2.3606/2.0171 & 2.3606/1.9394\\ 2.0171/2.3606 & 1 & 2.0171/1.9394\\ 1.9394/2.3606 & 1.9394/2.0171 & 1\end{pmatrix}\tag{5-11}$$

通过用式(5－4)—式(5－8)的和法计算式(5－11)正互反矩阵的最大特征向量为

$$x(R_2)=\begin{pmatrix}0.3737\\ 0.3193\\ 0.3070\end{pmatrix}\tag{5-12}$$

式(5－12)结果表明，在欧元资产中，货币性存款、短期国债和货币市场基金的权重分别为 37.37%、31.93%和 30.70%。

③ 日元资产组合的权向量确定

在日元资产配置中选择货币性存款、短期国债和货币市场基金三种资产进行组合，根据表 5－12 中的数据，这三种日元资产的半年期 10 年平均收益率分别为 0.363 5%、0.216 1% 和 0.143 1%，然后分别用这些收益率数据来构造成对比较矩阵 M_3—A，并用 R_3 表示。

$$R_3=\begin{pmatrix}1 & 0.3635/0.2161 & 0.3635/0.1431\\ 0.2161/0.3635 & 1 & 0.2161/0.1431\\ 0.1431/0.3635 & 0.1431/0.2161 & 1\end{pmatrix}\tag{5-13}$$

通过用式(5－4)至式(5－8)的和法计算式(5－13)正互反矩阵的最大特征向量为

$$x(R_3)=\begin{pmatrix}0.5030\\0.2990\\0.1980\end{pmatrix} \tag{5-14}$$

式(5－14)结果表明，在日元资产中，货币性存款、短期国债和货币市场基金的权重分别为 50.30%、29.90%和 19.80%。

④ 英镑资产组合的权向量确定

英镑在适度储备中的权重虽然只是 4.39%，但其资产配置也不容忽视，我们同样选择货币性存款、短期国债和货币市场基金三种资产进行组合。根据表 5－12 中的数据，这三种英镑资产的半年期 10 年平均收益率分别为 3.427 3%、3.124 9% 和 2.973 1%，然后分别用这些收益率数据来构造成对比较矩阵 M4—A，并用 R_4 表示。

$$R_4=\begin{pmatrix}1 & 3.4273/3.1249 & 3.4273/2.9731\\3.1249/3.4273 & 1 & 3.1249/2.9731\\2.9731/3.4273 & 2.9731/3.1249 & 1\end{pmatrix} \tag{5-15}$$

通过用式(5－4)至式(5－8)的和法计算式(5－15)正互反矩阵的最大特征向量为

$$x(R_4)=\begin{pmatrix}0.3598\\0.3281\\0.3121\end{pmatrix} \tag{5-16}$$

式(5－16)结果表明，在英镑资产中，货币性存款、短期国债和货币市场基金的权重分别为 35.98%、32.81%和 31.21%。

(4) 适度外汇储备资产组合的总权向量确定

根据上述计算的币种权重及各币种准则下的资产权重，可进一步计算出我国适度外汇储备资产结构优化目标的权重为

$$\begin{aligned} X_1 &= 0.652\,2 \times 0.287\,7 + 0.201\,7 \times 0.373\,7 \\ &\quad + 0.102\,2 \times 0.503\,0 + 0.043\,9 \times 0.359\,8 \\ &= 0.330\,2 \end{aligned}$$

$$\begin{aligned} X_2 &= 0.652\,2 \times 0.235\,2 + 0.201\,7 \times 0.319\,3 \\ &\quad + 0.102\,2 \times 0.299\,0 + 0.043\,9 \times 0.328\,1 \\ &= 0.262\,8 \end{aligned}$$

$$\begin{aligned} X_3 &= 0.652\,2 \times 0.253\,9 + 0.201\,7 \times 0 + 0.102\,2 \\ &\quad \times 0 + 0.043\,9 \times 0 \\ &= 0.165\,6 \end{aligned}$$

$$\begin{aligned} X_4 &= 0.652\,2 \times 0.223\,2 + 0.201\,7 \times 0.307\,0 \\ &\quad + 0.102\,2 \times 0.198\,0 + 0.043\,9 \times 0.312\,1 \\ &= 0.241\,4 \end{aligned}$$

计算结果表明，货币性存款、短期国债、政府机构债和货币市场基金在我国适度外汇储备资产结构优化中的组合权重分别为 33.02%、26.28%、16.56%和 24.14%。可见，在整个资产组合中，货币性存款的占比是最高的，其次是短期国债和货币市场基金，占比最低的为短期政府机构债。这说明在国际金融危机、欧洲主权债务危机和世界经济遭受重创的背景下，多国金融资产的收益率都普遍大幅下跌，这反而使传统的货币性存款权重在资产组合中高居首位。另外，储备货币发行国的货币市场基金或许成为未来我国适度储备资产投资的主要工具。

5.4 结果分析

通过前两节的分析和计算，我们已经测算出了现阶段我国适度外汇储备的最优币种结构和资产结构权重。本节将对两者紧密的相互关系作进一步地分析，并引用我国近五年的适度外汇储备最优规模进行具体的测算，以期达到规模管理和结构优化的融合。

5.4.1 币种结构与资产结构的相互关系分析

币种结构优化和资产结构优化不仅是适度外汇储备资产优化配置目标的两个子目标，而且也可理解为是实现适度储备资产优化配置这一目标不可分割的两个方面。为了更简洁、清楚地说明币种结构和资产结构之间的相互关系，特编制表 5－13。

表 5－13 币种结构权重与资产结构权重关系

资产种类	美 元 (0.652 2)	欧 元 (0.201 7)	日 元 (0.102 2)	英 镑 (0.043 9)	资产权重合计
货币性存款	(0.287 7) 0.187 6	(0.373 7) 0.075 4	(0.503 0) 0.051 4	(0.359 8) 0.015 8	0.330 2
短期国债	(0.235 2) 0.153 4	(0.319 3) 0.064 4	(0.299 0) 0.030 6	(0.328 1) 0.014 4	0.262 8
短期政府机构债	(0.253 9) 0.165 6	0	0	0	0.165 6
货币市场基金	(0.223 2) 0.145 6	(0.307 0) 0.061 9	(0.198 0) 0.020 2	(0.312 1) 0.013 7	0.241 4
币种权重合计	0.652 2	0.201 7	0.102 2	0.043 9	1

首先，从表 5 - 13 中的总体情况可知，适度外汇储备的最优币种结构中，美元、欧元、日元和英镑权重分别为 65.22%、20.17%、10.22%和 4.39%，而最优资产结构则是货币性存款、短期国债、短期政府机构债和货币市场基金分别为 33.02%、26.28%、16.56%和 24.14%。其次，进一步分析表5 - 13 中的各列可知，在 65.22%的美元资产中，货币性存款、短期国债、短期政府机构债和货币市场基金的权重分别为 18.76%、15.34%、16.56%和 14.56%。在欧元、日元、英镑货币准则下都同样选择货币性存款、短期国债和货币市场基金三类资产进行配置，其中，20.17%的欧元权重中，三种资产的比例分别为 7.54%、6.44%和 6.19%。10.22%的日元权重中，三类资产的比例分别为 5.14%、3.06%和 2.02%。而在 4.39%的英镑权重中，三类资产的比例则分别为 1.58%、1.44%和 1.37%。最后，深入分析表 5 - 13 中的各行可知，在 33.02%的货币性存款中，美元、欧元、日元和英镑的比例分别为 18.76%、7.54%、5.14% 和 1.58%。而 26.28% 的短期国债则由 15.34%的美元、6.44%的欧元、3.06%的日元和 1.44%的英镑构成。24.14%的货币市场基金中，四种货币的占比分别为 14.56%、6.19%、2.02%和 1.37%。16.56%的短期政府机构债则全部由美元组成。

5.4.2　适度储备资产优化配置的结果分析

根据表 5 - 13 中适度外汇储备币种权重和资产权重的计算结果及其所分析的两者之间紧密的相互关系，结合本书第 3 章已经测度出的适度外汇储备最优规模的历年数据，可计算出各年度各币种下各资产的具体持有规模，以及各资产下各币种的具体持有数量。因此，选择 2007—2011 年的最优规模数据（见第 3 章表 3 - 4），结合相应的币种权重和资产权重的测算结果，可得到 2007 年至 2011 年五年内我国适度外汇储备资产的优化配置情况，见表 5 - 14。

表 5-14　适度外汇储备资产的优化配置　　单位：亿美元

年度			2007	2008	2009	2010	2011
适度外汇储备规模			8 972.68	7 573.77	7 755.71	11 128.39	12 442.38
货币性存款（33.02%）	美元	18.76%	1 683.27	1 420.84	1 454.97	2 087.69	2 334.19
	欧元	7.54%	676.54	571.06	584.78	839.08	938.16
	日元	5.14%	461.20	389.29	398.64	572.00	639.54
	英镑	1.58%	141.77	119.67	122.54	175.83	196.59
	合计	33.02%	2 962.78	2 500.86	2 560.94	3 674.59	4 108.47
短期国债（26.28%）	美元	15.34%	1 376.41	1 161.82	1 189.73	1 707.10	1 908.66
	欧元	6.44%	577.84	487.75	499.47	716.67	801.29
	日元	3.06%	274.56	231.76	237.32	340.53	380.74
	英镑	1.44%	129.21	109.06	111.68	160.25	179.17
	合计	26.28%	2 358.02	1 990.39	2 038.20	2 924.54	3 269.86
短期政府机构债（16.56%）	美元	16.56%	1 485.88	1 254.22	1 284.35	1 842.86	2 060.46
	合计	16.56%	1 485.88	1 254.22	1 284.35	1 842.86	2 060.46
货币市场基金（24.14%）	美元	14.56%	1 306.42	1 102.74	1 129.23	1 620.29	1 811.61
	欧元	6.19%	555.41	468.82	480.08	688.85	770.18
	日元	2.02%	181.25	152.99	156.67	224.79	251.34
	英镑	1.37%	23.06	103.76	106.25	152.46	170.46
	合计	24.14%	2 166.00	1 828.31	1 872.23	2 686.39	3 003.59

计算结果表明，2011 年我国 12 442.38 亿美元的适度外汇储备资产中，分别应持有货币性存款 4 108.47 亿美元、短期国债 3 269.86 亿美元、短期政府机构债 2 060.46 亿美元和货币市场基金 3 003.59 亿美元。而在 4 108.47 亿美元的货币性存款中，应持有美元、欧元、日元和英镑的数量分别为 2 334.19 亿美元、938.16 亿美元、639.54 亿美元和 196.59 亿美元。同理，在 3 269.86 亿美元的短期国债中，应持有四种货

币的数量分别为 1 908.66 亿美元、801.29 亿美元、380.74 亿美元、179.17 亿美元，而在 3 003.59 亿美元的货币市场基金中，四种货币的数量则为 1 811.61 亿美元、770.18 亿美元、251.34 亿美元和 170.46 亿美元。所不同的是 2 060.46 亿美元的短期政府机构债仅由美元组成。运用同样的分析思路和方法，可以得到其他年份的配置结果。

可见，通过引入近五年的适度外汇储备数据，结合币种结构和资产结构权重的估计结果，不仅可以获得历年适度外汇储备各币种权重下各资产的具体持有规模，而且还可以测算出各资产结构下各币种的具体持有数量。因此，在实现币种结构和资产结构有机结合的基础上，实现了真正意义上的适度外汇储备资产优化配置，从而使研究结果更具操作性。

5.5　本章总结

根据国际储备货币的“世界货币”职能和自身动态演变特征，并考虑我国外汇储备币种选择的路径依赖和惯性，选择美元、欧元、日元和英镑作为适度储备的主要币种，且认为决定币种结构的主要因素有货币地位、支付结构、金融安全和汇率安排。因此，储备货币的选择应该更多地考虑货币的“世界货币”职能，即一国货币的跨境货币职能和国际地位高低是决定该种货币入选主要国际储备货币的关键因素。

把币种结构优化和资产结构优化看作是实现我国适度外汇储备资产优化配置这一目标的两个方面，并尝试性地使用系统分析的层次分析法分析这个问题。构建我国适度外汇储备币种结构优化的 AHP 模型和进行重要改进及拓展的资产结构优化 AHP 模型，并将两个模型进行有机结合，计算出我国适度外汇储备的币种组合权重和资产组合权重。

因此，在适度外汇储备资产优化配置中，币种结构和资产结构是紧密联系和相互影响的，应将它们看作一个整体，并用系统管理的思想对其进行分析。

通过综合各影响因素权重的基础上，计算出当前我国适度外汇储备的最优币种组合为：美元 65.22%、欧元 20.17%、日元 10.22%、英镑 4.39%。其中，值得注意的是，美元占比高达 65.22%，超过其他三种货币权重之和，但由于美元不仅是我国对外经贸交往中使用最多的货币，而且也是相对安全的货币，为此，本书认为在适度外汇储备的币种管理中，既不提倡储备货币的过分多元化，也不主张降低美元资产的比例。因此，在多层次外汇储备资产优化配置的体系下，不能一概而论的提倡降低美元资产的比例，对储备货币多元化的提法也要非常谨慎。

在币种结构确定的基础上，运用改进的 AHP 模型，构建了以币种结构为准则层，资产种类为方案层的资产结构优化不完全层次结构模型，并计算出我国适度外汇储备的资产权重分别为：货币性存款 33.02%、短期国债 26.28%、短期政府机构债 16.56%、货币市场基金 24.14%。因此，适度外汇储备资产优化配置应该重点考虑该部分储备所要执行的功能，并体现资产的流动性及安全性，从而货币性存款、短期国债和货币市场基金应是适度外汇储备资产的主要持有形式。

根据本书估计的币种结构和资产结构权重，并结合中国 2007—2011 年外汇储备适度规模的相关数据，测算出了历年各币种结构下各资产的具体规模和各资产结构下各币种的具体规模，实现了规模和结构管理相结合，币种结构和资产结构相结合的适度外汇储备资产优化配置。因此，利用本书的估计方法结合相应的外汇储备规模，不仅可以获得适度外汇储备的币种权重和资产权重，而且还可以测算出各结构下的具体资产持有规模，从而为外汇储备管理部门提供明确可靠的参考依据。

本章的贡献：在适度外汇储备资产的优化配置中，将币种结构和资产结构综合起来考虑，实现两者即相对独立又紧密结合的配置模式，弥补了已有研究只注重币种结构估算的缺陷；尝试性地引入 AHP 模型，并对其进行拓展，将多层次的系统管理思想引入了外汇储备资产优化配置的分析框架，并构建了相应的适度外汇储备资产的优化配置模型；选择大量的国内外现实数据，为 AHP 模型各准则下的权重确定提供了客观的依据，克服了判断矩阵构造的主观性，提高了结果的精确度和可靠性。以外汇储备的需求动机为视角，将外汇储备资产划分为不同层次，将 AHP 模型同时用于外汇储备币种结构和资产结构的优化，从而将多层次管理的思想贯穿于始终，不仅测算出适度外汇储备资产的最优币种权重，而且还计算出最优资产权重。

本章研究的不足：虽然本书对外汇储备适度资产进行了优化配置，特别是在资产优化配置方面取得了一些突破，并在一定程度上弥补了已有研究大多只停留在货币结构层面上的缺陷，但本书的研究仍然存在一些不足：一是部分指标的选择有一定的主观性。二是限于数据的可得性，个别指标的数据只能用相近指标的数据替代。此外，在外汇储备的管理中，分层次管理将是一个主流方向，同时应充分发挥外汇储备防范和化解金融风险的特殊作用，在资产优化配置时注重维护本国的金融安全和国家利益，将是今后研究中关注的主要问题。

第6章 超额外汇储备资产的多层次优化配置

6.1 概　述

在我国持有巨额外汇储备并面临不断损失风险的背景下，如何通过对超额外汇储备的积极管理，以实现外汇储备资产收益的最大化，并达到外汇储备保值增值的目标，是外汇储备资产优化配置最重要的方面。而由于超额外汇储备资产是一国的“盈余”资产，因而更适合对其进行积极管理，并且一般通过投资于长期性、高回报和战略性的金融资产和其他资产而获取收益，以实现外汇储备资产收益最大化目标，因此本章的研究也是本书的核心内容之一。

一般来说，外汇储备资产优化配置包括币种结构优化和资产结构优化两个方面。但由于本章主要研究超额外汇储备资产的优化配置，根据本书第4章对超额外汇储备资产优化配置的目标、原则和策略部分的论述，我们认为对超额外汇储备资产的配置应该以资产结构优化为主。虽然国内外专门研究外汇储备资产结构优化的文献不多，但也不乏一些有价值的成果。特别是随着各国主权财富基金的成立和运作，为超额外汇储备资产的投资管理提供了新的思路和方向。超额外汇储备资产的优化配置也主要通过成立主权财富基金，并运用主权财富基金进行国内外投资来实现，因此相关的研究也主要体现在对外汇储备资产结构优化和主权财富基金的投资管理方面。

在国外，McCauley 和 Fung(2004)通过选取美国的官方数据，对世界各国持有美元资产的情况进行分析，得出了各国美元资产的持有结构。Cardon 和 Coche(2004)以资产管理理论为视角对外汇储备资产结构优化的研究结果表明，有效的外汇储备资产配置应建立在正确的组织结构上。Vesilind 和 Kuus(2005)通过对爱沙尼亚银行外汇储备积极管理的研究，把外汇储备总资产分为流动性资产组合和投资性资产组合，另外还持有一部分黄金。Cushman 等(2007)对资产组合平衡模型进行了研究，该模型能够稳定地解释标准的基础货币。Lowery(2009)认为，随着世界各国外汇储备与主权财富基金的快速增长，已经超过了传统资产的供给，这部分资金将会转向投资高收益的风险资产，因此外汇储备投资将采取更为积极的策略。Bortolotti 等(2009)分析了主权财富基金的不同战略目的对其全球资产配置策略的影响，并认为应根据不同的国际经济环境选择不同的资产配置策略。Monk(2010)的研究表明，主权财富基金的资产配置战略长期化、资产品种多元化、投资地域分散化趋势明显。同时，主权财富基金倾向于增加股权、房地产、私募基金的资产配置，而减少对固定收益产品与对冲基金的投资。Knill 等(2011)在检验主权财富基金投资中双边政治关系作用的基础上，认为主权财富基金的投资决策至少部分地来自非金融动机。

随着我国近年来外汇储备的快速增加，国内学者也在外汇储备资产优化配置的研究方面做了一些尝试。何帆、张明(2006)认为应对中国的外汇储备资产进行调整，在降低投资于美国国债比例的同时，提高投资于美国股权，美国机构债和企业债，以及黄金的比例。梅松、李杰(2008)认为应当用超额外汇储备配置与宏观经济周期运行相反的风险资产，对于重要部门，还可以有针对性地进行对冲操作，从而提高社会的整体福利水平。谢平、陈超(2009)的研究发现，主权财富基金的投资有大量转向风险资产，从美元资产转向非美元资产，从组合投资向战略投资转变，同时强化战术资产配置策略寻找短期趋势的预期超额回报(阿尔法回报)。孔立平(2009)通过对次贷危机后中国外汇储备资产的风险及优化配置的研究表明，中国的外汇储备资产面临着严重亏损的风险，并认为在对我国外汇储备资产优化配置时，应逐步减持美元资产，实现外汇储备资产投资的多元化。张世贤、徐雪(2009)的研究认为，主权财富基金投资方向的选择越来越重要，已经成为一个战略问题，并且外汇储备应通过对外直接投资来实现国民经济的可持续发展和福利最大化。Jing Yu 等(2010)通过建立主权财富基金战略资产配置的最优模型，认为就将外汇储备配置不同的风险程度的资产，并模拟出各种资产的权重。周光友、罗素梅(2011)在测度中国外汇储备最优规模的基础上，提出了应对我国外汇储备资产进行积极管理，并提出了相应地优化配置的策略。刘晶、董巍(2012)结合中国的实际，通过构建组合优化配置方法，选择相应数据进行测算，给出我国外汇储备最优投资组合的配置策略。韩立岩、魏晓云和尤苗(2012)构建了外汇储备与主要主权财富基金的随机优化配置模型，并进行了情景分析，研究结果表明，当前我国外汇储备规模过大，可向主权财富基金追加，以实现收益的最大化，同时提出了具体的调整策略。刘澜飚、张靖佳(2012)的研究结果表明，中国外汇储备资产投资于美国风险资产的规模将影响外汇储备间接转化为美国对中国 FDI 投资的比例。同时指出，我国中央银行外汇储备规模及投资策略对危机时期的反映不足，并进一步提出了提高外汇储备投资收益的主要方法。

综上所述，虽然理论界对外汇储备资产优化配置相关问题进行了广泛深入的研究，并取得了一些有价值的成果。但遗憾的是，已有的研究还存在一些不足：一是在没有充分考虑外汇储备的各种需求及其功能演变特征，以及在对外汇储备进行多层次划分的情况下，简单地将一国的外汇储备视为一个整体并对其进行投资组合，从而混淆了适度外汇储备资产与超额外汇储备资产之间的界限，由于在对两者进行资产优化配置时各自应遵循的目标、原则和策略是不同的，因此，这种单一的管理方式很难达到外汇储备管理的目标；二是在对外汇储备投资管理中，大多只注重币种结构的选择，而较少涉及资产结构的优化，更没有将两者有机结合，从而不是真正意义上的外汇储备资产优化配置，得出的结论参考价值也有限。事实上，外汇储备资产的多层次优化配置是一个币种结构选择与资产结构优化相结合的过程，并且在不同层次的外汇储备资产优化配置中币种结构选择与资产结构优化应各有侧重。

为此，本章以适度和超额外汇储备的划分为前提，在第 5 章对适度外汇储备资产进行优化配置的基础上，进一步对超额外汇储备资产进行多层次优化配置，以实现外汇储备保值增值的目标。本章的结构安排如下：第一节引言；第二节超额外汇储备的多层次需求，将超额外汇储备进一步划分为不同的需求层次；第三节理论模型，建立基于 CRRA 效用函数的期末财富效用最大化目标模型和 VaR 最小化目标模型，进而构建超额外汇储备多层次优化配置的多目标优化模型；第四节方法和数据，引入基于多目标优化的带精英策略的遗传算法（NSGA -Ⅱ），并选择实际数据，计算出相应的参数；第五节模型求解及结果分析，通过 Matlab 软件和 C 语言求解出最优资产权重，并对求解结果进行分析；第六节本章总结。

6.2　超额外汇储备的多层次需求及资产选择

6.2.1　超额外汇储备的多层次需求

从一国对外汇储备需求的角度来看，可将其划分为适度外汇储备需求和超额外汇储备需求两个大类。由于适度外汇储备需求主要用于满足外债支付、国际贸易、外商直接投资、保障金融安全及维持汇率稳定等需求，它是一国最基本的交易性或经常性需求，可将它视为一种“刚性”需求，因此适度外汇储备资产的持有形式应是安全性较高、流动性较强的金融资产。而超额外汇储备需求是指一国在满足基本需求(适度外汇储备需求)后产生的对外汇储备的营利性需求，由于这是一种“额外”需求或“投资性”需求，持有它的目的就是为了获取更多的盈利和实现国家发展战略，并且主要可通过面向全球的股票、债券、投资基金及 FDI 投资等获取收益，因此我们将一国对外汇储备的投资盈利需求称为超额外汇储备需求。

本书将外汇储备资产划分为满足“刚性”需求的适度外汇储备及满足“投资性”需求的超额外汇储备基础上，再根据超额外汇储备资产的功能及投资管理的目标、原则和策略，将对超额储备的需求进一步划分为债权投资需求、对外直接投资需求、股权投资需求和另类投资需求。为了更清楚地表述外汇储备资产的各种投资需求。

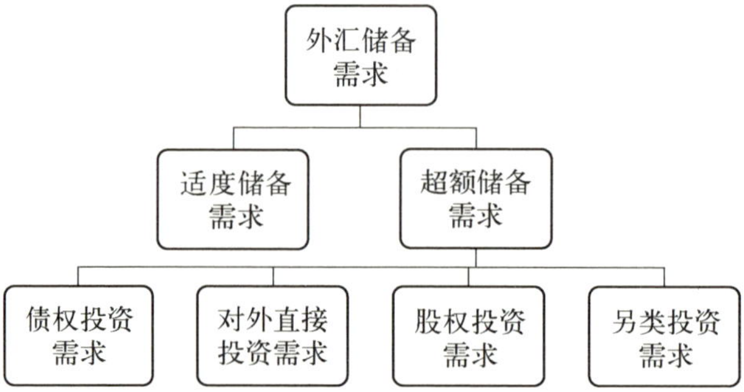

图 6－1　超额外汇储备需求层次关系

从图 6－1 中可知，对超额外汇储备资产的需求划分为对四类资产投资的需求，这样划分的理由在于：一是符合当前世界各国外汇储备投资的趋势，即在对超额外汇储备投资时一般都采取较为积极的投资策略，并将其投资于股票、债券、房地产等投资工具；二是体现了我国超额外汇储备投资的收益性要求，即当前超额外汇储备投资主要应该选择期限长、收益高的长期债券、股票等资产。三是外汇储备是具有国民性、主权性和国际性的特殊国家资产，其投资应该考虑国家发展战略的需要，在此主要通过对外直接投资和部分另类投资来体现。

6.2.2　超额外汇储备的资产选择

针对本书认为超额外汇储备投资主要应该选择的四类资产作出如下界定。

(1) 债权资产

本书所指的债权资产主要是指由债券发行主体（如政府、政府机构、公司）发行的债券构成的金融资产。由于债券的收益是固定的，因此又将其称为固定收益债券，它主要包括政府债券、政府机构债券、公司债券、资产支持债券及其他结构性产品等。在固定收益债券中，又由于政府和政府机构发行的债券风险较低，收益固定，符合外汇储备资产选择的标准，因此深受外汇储备投资国的青睐，它已成为当前各国（地区）外汇储备投资组合中非常重要的组成部分。基于此，可将债权类资产视为低风险的金融资产。

(2) 对外直接投资

对外直接投资（Foreign Direct Investment），简称 FDI，是指企业以跨国经营的方式所形成的国际间资本转移。一般认为，对外直接投资是一国投资者为取得国外企业经营管理上的有效控制权而输出资本、设备、技术和管理技能等无形资产的经济行为。虽然长期以来用外汇储备对外直接投资的可行性还有争议，但随着外汇储备在一些国家的集聚，由此转化而成的主权财富基金在近年已有部分转向对外直接投资的趋势。由于产业对外转移对一国的国内产业结构和企业利润提高有着重要意义，特别是对当前的中国来说更是如此，因此，利用外汇储备对走出去的企业提供金融支持等方式参与到产业外移和“走出去”战略中，不仅有利于企业在那些具有比较优势的国家(地区)创造更高的价值，而且又可以实现国家的战略利益。此外，大量的外汇储备投资于全球资本市场，必然会引起资本市场的波动，也会加大其自身操作的难度。而从已有的证据表明，对外直接投资的收益是相对稳定的，且它的收益高于债权资产，但相应地，它的风险也比债权资产相对要高，因此可将对外直接投资视为一种中等风险的投资。

(3) 股权资产

所谓股权投资(Equity Investment)，指通过投资取得被投资单位的股份。是指企业(或者个人)购买的其他企业(准备上市、未上市公司)的股票或以货币资金、无形资产和其他实物资产直接投资于其他单位，最终目的是为了获得较大的经济利益，这种经济利益可以通过分得利润或股利获取，也可以通过其他方式取得。如果按区域划分，可将其划分为各大洲、各国(地区)的股票资产，如果按投资的行业分布划分，可将其划分为不同行业(如金融、能源、工业、商业、材料、医疗、房地产等)股票资产。由于一国超额外汇储备资产的管理目标主要是满足营利性需求，实现利润最大化，虽然股权类资产投资风险较大，但高收益的诱惑使它成为超额外汇储备投资的重要选择，因此，在超额外汇储备资产优化配置中股权资产应占有较大的比重。但它的高风险特征决定了它是一种较高风险资产。

(4) 另类投资

另类投资是指超额外汇储备除投资上述金融资产和进行对外直接投资外，还投资于房地产、证券化资产、对冲基金、私募股权(Private Equity)、风险投资(Venture Capita)、大宗商品、艺术品等金融和实物资产。进行另类投资充分体现了超额外汇储备资产的特殊性，并通过超额外汇储备投资的多样化实现投资收益的最大化，同时另类投资也是超额外汇储备传统投资的一个补充。由于此类投资的风险相对上述投资较高，因此它是一种高风险投资。

为了便于分析，可根据金融资产风险的大小，进一步将超额外汇储备资产的投资结构用图 6－2 表示。

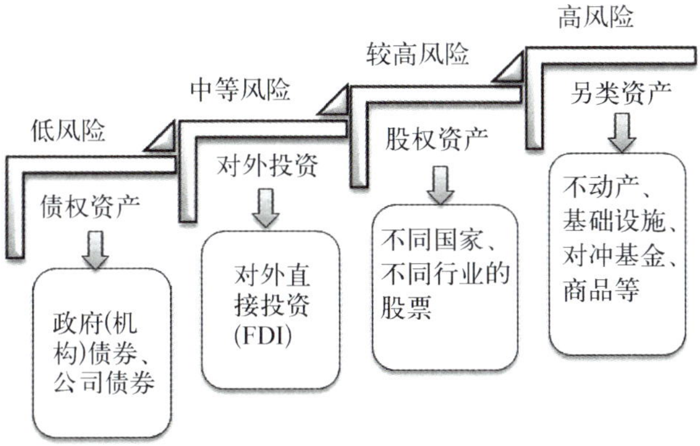

图 6－2　超额外汇储备资产投资结构

结合上述分析可将超额外汇储备资产的投资标的按风险的大小从低到高进行排列，即债权资产、对外直接投资、股权资产和另类投资分别为低风险资产、中等风险资产、较高风险资产和高风险资产。同时，超额外汇储备资产除它本身具有多层次盈利需求外，也可通过投资于多样化和多层次的金融资产和非金融资产来满足其多层次的盈利需求。可见，在超额外汇储备资产优化配置过程中，可供选择的投资标的是非常丰富的，但同时广阔的优化配置空间也加大了资产优化配置过程中选择资产的难度。事实上，要对超额外汇储备资产进行多层次优化配置，实现其效用的最大化，这就要求我们只有在充分考虑超额外汇储备资产的特性、遵循其管理目标、原则和策略的基础上，选择适合的投资标的，才能实现超额外汇储备资产优化配置的预期目标。

6.3 理论模型

超额外汇储备是在一国外汇储备中超过适度规模的部分。根据我们的测算，我国现阶段的超额外汇储备达到总储备的2/3左右，即近2万亿美元，对如此庞大的超额储备资产优化配置显得格外重要。超额外汇储备具有"主权性、国际性和资本性"等特点，说明超额外汇储备代表的是国家的主权财富，并且进行的应该主要是中长期的国际投资。超额储备资产的特性决定了其优化配置的目标是在注重资产的"长期性、战略性及高回报"的基础上追求收益最大化，并充分发挥其维护国家利益的特殊作用，最终实现外汇储备资产增值的目标。超额储备的这些特点和多重的资产配置目标，决定了它的投资既不同于适度储备的货币性短期资产投资，也有别于其他个人和机构投资者的国际投资。它的国际投资既要重点考虑利益目标，也要综合考虑其他如战略目标，金融风险目标等，甚至还要兼顾国家经济结构调整和某些产业海外转移等因素。因此，超额外汇储备的国际组合投资不仅要追求长期投资收益目标，而且还要实现和兼顾其他一些目标，这就客观上需要我们应用多目标优化模型进行配置。为此，本书选择基于CRRA效用函数的期末财富效用最大化目标模型和VaR最小化目标模型，并在资产选择过程中综合权衡其他目标和因素，实现多目标体系下我国超额外汇储备资产的优化配置。

6.3.1 基于CRRA期末财富期望效用最大化的资产优化配置模型

(1) CRRA效用理论及其在超额外汇储备资产配置中的适应性

常数相对风险厌恶(constant relative risk aversion，CRRA)效用函数是

指相对风险厌恶系数是常数的幂指数效用函数。可用公式表示如下：

$$u(W)=\begin{cases}W^{1-\gamma}/(1-\gamma), & (\gamma>0,\ \gamma\neq 1)\\ \ln W, & (\gamma=1)\end{cases} \tag{6-1}$$

式(6-1)中，W 表示财富水平，γ 表示相对风险厌恶系数。当 $\gamma=1$ 时幂指数效用函数变成对数效用函数，所以对数效用函数可以看成是当 $\gamma\to 1$ 时幂效用函数的极限，它也是 CRRA 类。CRRA 效用属于基数效用，从理论上说其效用具有可加性。

CRRA 效用模型是经济学中经典的效用分析模型，广泛应用于消费、投资效用的分析以及资产配置和风险管理等方面，是新古典框架下的标准分析模型。它主要包括的基本假设为：① 投资者是“理性人”，在实际投资决策过程中是风险厌恶的。人们对信息的获取几乎没有成本，理解也是同质的，并且能在信息的变化中进行不断修正。② 效用水平以最终的财富水平衡量，也就是说偏好关系只与各种资产所能带来的最终财富有关，而与其他因素无关。③ 预期效用建立在投资决策主体的一系列严格公理化假设之上，包括独立性、完备性、传递性和连续性等。

选择 CRRA 效用模型分析超额外汇储备的资产优化配置问题是因为：尽管超额外汇储备的国际投资要实现多个目标，但期末财富效用最大化是个高度综合的主要目标，CRRA 效用的应用环境和可加性特征适合于分析财富效用问题。另外，CRRA 效用模型的主要假设也与我们在外汇储备资产配置中需要做出的假设条件基本一致。

(2) 基本模型

首先假设原始财富为 W_0，分别在无风险资产和风险资产之间进行配置，并设无风险资产的名义收益率为 r_f，而风险资产则产生不确定的收益率 r_i。投资者选择投入风险资产的比例为 α，投入无风险资产的比例则为 $1-\alpha$，以达到期末财富(W)的期望效用最大化。因此，资产配置

的目标函数可表示为

$$\max_{\alpha} E[U(W)] \tag{6-2}$$

在无风险资产和风险资产都以连续复利计息的情况下，期末财富 W 可表示如下：

$$\begin{aligned} W = & [\alpha W_0 \exp(r_f) + \alpha W_0(\exp(r_i) - \exp(r_f))] \\ & + (1-\alpha) W_0 \exp(r_f) \end{aligned} \tag{6-3}$$

$$W = \alpha W_0 [\exp(r_i) - \exp(r_f)] + W_0 \exp(r_f) \tag{6-4}$$

在 CRRA 偏好下，效用函数 $U(W)$ 可表示为

$$U(W) = \frac{W^{1-\gamma}}{1-\gamma} \tag{6-5}$$

式(6-5)中，γ 代表相对风险厌恶系数。在 CRRA 效用中，财富是同质的，求解时可将 W_0 视作 1。

以上是在 CRRA 偏好下，选择无风险资产和风险资产的财富效用最大化资产配置情况。

根据 Campbell & Viceira(2002)，在递归效用函数（又称 Epstein-Zin 型效用函数）中，风险资产的最优投资权重表示为

$$a_t = \frac{E_t r_{t+1} - r_{f,\, t+1} + \sigma_t^2/2}{\gamma \sigma_t^2} \tag{6-6}$$

式(6-6)中，a_t 表示资产的最优投资权重，r_{t+1}，$t_{f,\, t+1}$ 分别表示风险资产和无风险资产从时间 t 到 $t+1$ 的连续复利收益率，σ_t^2 表示风险资产收益率的方差，γ 含义同上。整个模型的经济学含义为：在投资机会集不随时间变化的情况下，投资者对风险资产的需求与风险资产的期望

超额收益（$E_t r_{t+1} - r_{f,\,t+1}$）成正比，与相对风险厌恶系数（$\gamma$）和方差（$\sigma_t^2$）都成反比，而且对风险资产的需求属于短视需求（Myopic Demand）①。

（3）超额外汇储备资产优化配置模型

超额外汇储备的投资是以追求“长期性、战略性和高回报”的积极型投资管理策略。该策略要求其投资组合主要选择中长期的风险资产，并进行多元化和分散化投资，而且要适当体现国家发展战略。再根据我国外汇储备的多层次、多目标风险管理体系，本书此部分分析的是超额外汇储备资产优化配置（或称为外汇储备的风险资产组合优化）。

结合上述分析，本书假定超额外汇储备的投资管理部门是代表国家的“理性经济人”，并且是追求“期末财富效用最大化或长期收益最大化”的理性经济人。② 并在综合考虑超额外汇储备的特点、投资管理策略和目标的基础上，将超额储备按风险程度从低到高依次分为低风险、中等风险、较高风险和高风险四个等级，并分别对应着债权资产、对外直接投资（FDI）、股权资产和另类投资四类资产。外汇储备投资管理部门在超额储备资产中选择这四类资产，并分别按相应的权重进行组合优化配置，以实现在一定的投资期末整个超额储备资产组合财富的期望效用最大化目标。

首先假定我国超额外汇储备的期初原始资产为 W_0，期末财富为 W。将期初的 W_0 分别配置到四种不同风险的资产中，即，债权资产、对外直接投资（FDI）、股权资产和另类投资，并用 $A_i(t)(i=1,\ 2,\ 3,\ 4)$ 分别表示这四类资产，当 $t=0$ 时整个投资组合就可以表示为 $W_0(A_1,\ A_2,\ A_3,\ A_4)^{\mathrm{T}}$。其次，用 $\alpha_i(t)(i=1,\ 2,\ 3,\ 4)$分别表示各类资产的配置权

① 所谓“短视需求”是指当投资机会集不变时，长期投资者与短期投资者所做出的投资决策相同，即长期投资者的投资决策是短视的，对风险资产的需求仅取决于它的期望超额收益、风险和相对风险厌恶系数。

② 这里的“收益最大化”是指国家（地区）的经济利益和战略利益最大化。

重，若将 W_0 视作 1，超额外汇储备整个资产组合可以表示为 $\alpha(\alpha_1, \alpha_2, \alpha_3, \alpha_4)^T$。最后，用 $r_i(t)(i=1, 2, 3, 4)$ 分别表示各类资产的名义收益率，用 Δt 表示资产组合的持有期，所有资产在其持有期内都按连续复利收益率计算。

现假定风险资产 $A_i(t)(i=1, 2, 3, 4)$ 服从几何布朗运动，其方程可表示如下：

$$dA_i(t) = r_i(t)A_i(t)dt + \sigma_i(t)A_i(t)d\omega(t) \tag{6-7}$$

式(6-7)中，$r_i(t)(i=1, 2, 3, 4)$ 表示各种不同风险资产的名义收益率，$\sigma_i(t)(i=1, 2, 3, 4)$ 表示不同种类的风险资产 $A_i(t)$ 分别对应的收益率标准差。$\omega(t)$ 表示标准布朗运动。

根据以上分析，本书借鉴 Jing Yu et al(2012)的主权财富基金战略资产优化配置模型，建立追求期末财富期望效用最大化的我国超额外汇储备资产优化配置模型。目标函数如下：

$$\max E[U(W)] \tag{6-8}$$

在 CRRA 偏好下，效用函数 $U(W)$ 可表示为

$$U(W) = \frac{W^{1-\gamma}}{1-\gamma} \quad (0 < \gamma < 1) \tag{6-9}$$

式(6-9)中，γ 表示相对风险厌恶系数，它针对不同种类的风险资产是不同的，风险越高，风险厌恶系数 γ 越大，反之则反是。但是对于同一风险种类的资产，幂指数效用函数的相对风险厌恶系数是常数。因此，

$$U(A_i(t)) = \frac{A_i^{1-\gamma}(t)}{1-\gamma} \tag{6-10}$$

$$\gamma = -\frac{U''(A_i(t))}{U'(A_i(t))} \quad (\gamma < 1,\ i = 1,\ 2,\ 3,\ 4) \tag{6-11}$$

所以本书所划分的风险程度不同的四类资产应该分别对应着四个不同的相对风险厌恶系数，即 $\gamma_i (i = 1, 2, 3, 4)$，且 $\gamma_1 < \gamma_2 < \gamma_3 < \gamma_4$。

假定所选择的四类资产是相互独立的，并且各类资产的财富效用是可加的，可得：

$$U(W) = \sum_{i=1}^{4} U(A_i(t)) \tag{6-12}$$

根据式(6－7)中的风险资产分布状态方程：$dA_i(t) = r_i(t)A_i(t)dt + \sigma_i(t)A_i(t)d\omega(t)$，并假设各种风险资产的收益率服从连续正态分布，这样可得 $\ln(A_i(t))$ 的增量 $\Delta\ln(A_i(t))$ 服从标准正态分布，再假定 $r_i(t) = r_i$，$\sigma_i(t) = \sigma_i (i = 1,2,3,4)$，可得：

$$\Delta\ln(A_i(t)) \sim N\left[\left(r_i - \frac{1}{2}\sigma_i^2\right)t,\ \sigma_i^2 t\right] \tag{6-13}$$

式(6－13)中，均值为 $\left(r_i - \frac{1}{2}\sigma_i^2\right)t$，方差为 $\sigma_i^2 t$。在各种风险资产的收益率服从连续正态分布的假定下，各种资产的收益率可用期望收益率代替，即 $E(r_i) = \mu_i$，所以 $\Delta\ln(A_i(t))$ 的期望和方差可表示如下：

$$E(\Delta\ln(A_i(t))) = \left(\mu_i - \frac{1}{2}\sigma_i^2\right)t \tag{6-14}$$

$$Var(\Delta\ln(A_i(t))) = \sigma_i^2 t \tag{6-15}$$

令 $A_i (i = 1, 2, 3, 4)$ 表示在 $t = 0$ 时，超额外汇储备投资组合中所配置的四种风险资产各自的数量，当组合的持有期为 Δt 时，风险资产的期望效用函数可表示如下：

$$E(U(\Delta \ln A_i(t))) = \frac{\left(\left(\mu_i - \frac{1}{2}\sigma_i^2\right)t\right)^{1-\gamma_i}}{1-\gamma_i} \tag{6-16}$$

$$E(U(\Delta A_i(t))) = \exp\left[\frac{\left(\left(\mu_i - \frac{1}{2}\sigma_i^2\right)t\right)^{1-\gamma_i}}{1-\gamma_i}\right] \tag{6-17}$$

根据上述假定，$\alpha_i(t)(i=1, 2, 3, 4)$ 分别表示期初配置于超额外汇储备的四类不同风险资产的权重，且 $\alpha_i(t) = A_i(t)/W_0 (i=1, 2, 3, 4), (t=0)$，当持有期为 Δt 时，期末财富 W 的期望效用最大化目标函数可表示为：

$$\max \sum_{i=1}^{4} \alpha_i E(U(A_i(\Delta t))) = \max\left[\sum_{i=1}^{4} \alpha_i \frac{\exp\left(\left(\mu_i - \frac{1}{2}\sigma_i^2\right)\Delta t\right)^{1-\gamma_i}}{1-\gamma_i}\right] \tag{6-18}$$

约束条件为：

$$\sum_{i=1}^{4} \alpha_i = 1,\ 0 \leqslant \alpha_i \leqslant 1 \tag{6-19}$$

6.3.2 基于 VaR 最小化的资产优化配置模型

(1) VaR 方法

VaR 方法(Value at Risk，简称 VaR)，称为风险价值模型，也常称为在险价值方法，是由 J. P. Morgan 的风险管理人员于 1994 年提出的，用于测度市场风险的方法。VaR 的具体含义是指市场处于正常波动的状态下，对应于给定的概率水平(或置信度水平)，持有某一金融资产或资产组合在未来特定时期内所遭受的最大可能损失。可用数学公式表示如下：

$$Pr\ ob(\Delta P < -VaR) = 1 - c \tag{6-20}$$

式(6－20)中，Pr ob 表示概率测度，ΔP 表示资产组合在未来持有期内的损失，c 为置信水平，VaR 为置信水平 c 下资产组合的在险价值。

VaR 方法可以把不同风险因子及它们之间的相互作用而引起的资产组合的整体市场风险用简洁明了的数值反映出来，管理者和投资者较容易理解和掌握。但它又是建立在概率论和数理统计的基础之上，具有很强的科学性，可用于比较分析由不同的市场风险因子引起的、不同资产组合之间的风险大小，所以它是一种统一了不同金融市场风险度量标准，具有可比性的风险度量指标。VaR 方法的这些特征和优势使它产生和获得迅速发展，并在十几年的时间里成为金融风险度量特别是市场风险度量的主流方法。

超额外汇储备的全球资产优化配置，所处的国际市场环境非常复杂，涉及不同国家不同行业的资产选择，同时也涉及不同市场上不同货币的不同资产类型。各种货币的利率、汇率等都会成为储备资产国际投资的风险因子，各种风险因子之间的相互作用和影响机理很复杂，在进行储备资产国际分散化投资管理时需要综合考虑所面临的利率风险、汇率风险等市场风险。鉴于 VaR 方法具有在综合考虑各种市场风险来源后通过计算获得一个高度概括的风险度量值的优点，它适用于综合衡量包括利率风险、汇率风险、股指风险、商品价格风险及金融衍生工具风险等各种市场风险。因此，本书选择 VaR 方法来综合分析测度超额外汇储备资产组合所面临的国际市场风险，建立基于 VaR 最小化约束的我国超额外汇储备资产优化配置模型，并进一步通过模拟求解各类资产权重。

(2) 基本模型

假定 W_0 为期初资产组合的原始财富，W 为持有期末资产组合的财富，W^* 为在置信度水平 c 下期末资产组合的最坏财富价值，所以资产组合的 VaR 可表示如下：

$$VaR = E(W) - W^* \tag{6-21}$$

再假定 r_p 为整个资产组合的收益率，r_p^* 为最坏收益率，在以连续复利计息的情况下，期末财富 W 和 W^* 可表示如下：

$$W = W_0 \exp(r_p) \tag{6-22}$$

$$W^* = W_0 \exp(r_p^*) \tag{6-23}$$

将式(6-22)和式(6-23)代入式(6-21)可得：

$$VaR = E[W_0 \exp(r_p)] - W_0 \exp(r_p^*) \tag{6-24}$$

$$VaR = W_0[E(\exp(r_p)) - \exp(r_p^*)] \tag{6-25}$$

若资产组合在未来持有期内的损益服从概率密度函数为 $f(W)$的连续分布，则计算资产组合 VaR 的置信度 c 可表示如下：

$$c = \int_W^{\infty} f(W)dW \tag{6-26}$$

式(6-26)中，$f(W)$为资产组合的概率密度函数。

(3) 建立 VaR 最小化的超额储备资产配置模型

结合上文的分析，超额外汇储备的期初原始资产仍为 W_0，期末财富为 W。将期初的 W_0分别配置到四种风险程度不同的资产中，即债权资产、对外直接投资(FDI)、股权资产和另类投资，仍用 $A_i(t)(i=1, 2, 3, 4)$分别表示这四类资产。在期初 W_0可表示为

$$W_0 = A_1(t) + A_2(t) + A_3(t) + A_4(t) \quad (t=0) \tag{6-27}$$

若给定储备资产组合中各类风险资产的相应置信水平为 $c_i(i=1, 2, 3, 4)$，并假设各种风险资产的收益率服从连续正态分布，这样可得

到 $A_i(\Delta t)$是对数正态分布，即：$\ln A_i(\Delta t) \sim N\left(\left(\mu_i - \frac{1}{2}\sigma_i^2\right)\Delta t,\ \sigma_i^2 \Delta t\right)$，结合式(6－26)可得：

$$c_i = \int_{-\infty}^{\ln(VaR_{c_i})} f(\ln(\Delta t))d\Delta t \tag{6－28}$$

式(6－28)中，$\ln(VaR_{c_i})$表示 $\ln A_i(\Delta t)$在置信度 c_i下的相应 VaR 值，c_i可进一步表示为

$$c_i = \int_{-\infty}^{\left[\ln(VaR_{c_i})-\left(\mu_i-\frac{1}{2}\sigma_i^2\right)\Delta t\right]/\sigma_i\sqrt{\Delta t}} f\left[\ln(\Delta t) - \left(\mu_i - \frac{1}{2}\sigma_i^2\right)\Delta t\right]/\sigma_i\sqrt{\Delta t} d\Delta t \tag{6－29}$$

$$c_i = \Phi\left(\frac{\ln(VaR_{c_i}) - \left(\mu_i - \frac{1}{2}\sigma_i^2\right)\Delta t}{\sigma_i\sqrt{\Delta t}}\right) \tag{6－30}$$

$$\ln(VaR_{c_i}) = \frac{\left(\mu_i - \frac{1}{2}\sigma_i^2\right)\Delta t}{\sigma_i\sqrt{\Delta t}} + \Phi^{-1}(c_i) \tag{6－31}$$

由式(6－31)中的对数函数转化为指数函数，可推导出 VaR_{c_i} 的表达式为

$$VaR_{c_i} = \exp\left(\frac{\left(\mu_i - \frac{1}{2}\sigma_i^2\right)\Delta t}{\sigma_i\sqrt{\Delta t}} + \Phi^{-1}(c_i)\right) \tag{6－32}$$

根据式(6－32)，并引入资产组合中各类资产的权重 $\alpha_i(t)(i=1,2,3,4)$，我们可得到资产组合的 VaR 最小化目标函数表达式：

$$\min \sum_{i=1}^{4} \alpha_i VaR_{c_i} = \min \sum_{i=1}^{4} \alpha_i \exp\left[\frac{\left(\mu_i - \frac{1}{2}\sigma_i^2\right)\Delta t}{\sigma_i \sqrt{\Delta t}} + \Phi^{-1}(c_i)\right] \quad (6-33)$$

综合式(6－18)和式(6－33)，最终得到 CRRA 效用最大化和 VaR 最小化两个目标优化函数，即超额外汇储备资产组合的期末财富效用最大化模型和市场风险最小化模型：

$$\begin{cases} \max \sum_{i=1}^{4} \alpha_i E(U(A_i(\Delta t))) = \max\left[\sum_{i=1}^{4} \alpha_i \frac{\exp\left(\left(\mu_i - \frac{1}{2}\sigma_i^2\right)\Delta t\right)^{1-\gamma_i}}{1-\gamma_i}\right] \\ \min \sum_{i=1}^{4} \alpha_i VaR_{c_i} = \min \sum_{i=1}^{4} \alpha_i \exp\left[\frac{\left(\mu_i - \frac{1}{2}\sigma_i^2\right)\Delta t}{\sigma_i \sqrt{\Delta t}} + \Phi^{-1}(c_i)\right] \end{cases} \quad (6-34)$$

约束条件为：

$$\sum_{i=1}^{4} \alpha_i = 1, \quad 0 \leqslant \alpha_i^{\min} \leqslant \alpha_i \leqslant \alpha_i^{\max} \leqslant 1 \quad (6-35)$$

式(6－34)的约束条件式(6－35)表示超额外汇储备资产组合的权重之和为 1，并且各项资产均不允许卖空。通过联合求解以上两个目标函数，可获得超额外汇储备资产组合 $\alpha(\alpha_1, \alpha_2, \alpha_3, \alpha_3, \alpha_4)$ 的相应权重，实现在 CRRA 效用下求解资产配置问题与在 VaR 方法下求解资产配置问题的有效结合。

6.4 方法与数据

通过上述分析和构建的理论模型，接下来需要求解基于多目标的超额外汇储备资产最优权重。由于遗传算法在求解很多复杂优化问题时已显现出强大的能力，并且具有并行性强、实现简单及广泛适应等优点，近年来，遗传算法在工程、计算机、信息、经济管理等领域得到了广泛应用。经过对多种求解方法的比较，本书尝试性地引入基于多目标优化的 NSGA－Ⅱ遗传算法对模型进行求解。

6.4.1　多目标优化问题的数学描述

在对各学科领域的研究中，我们经常会遇到多准则或多设计目标下的决策问题，但由于这些目标往往是相悖的，因此要找到这些目标的最佳决策方案，就要解决多目标和多约束优化问题，这就是所谓的多目标优化（Multi－Objective Optimization）问题。

一般来说，多目标优化问题可定义为，在一组约束条件下，极大化（或极小化）多个不同的目标函数，其一般形式可表示为

$$\begin{cases} \text{Max/Min}[f_1(X),\ f_2(X),\ \cdots,\ f_n(X)] \\ s.\ t. \\ g_j(X) \leqslant 0,\ j = 1,\ 2,\ \cdots,\ J \\ h_k(X) = 0,\ k = 1,\ 2,\ \cdots,\ K \end{cases} \tag{6-36}$$

其中，$X = (x_1,\ x_2 \cdots,\ x_p)$ 是一个 p 维向量，$f_i(X)$ 是目标函数，$i = 1,\ 2,\ \cdots,\ n$，$g_j(X) \leqslant 0$ 和 $h_k(X) = 0$ 是系统约束，$j = 1,\ 2,\ \cdots,\ J$，$k = 1,\ 2,\ \cdots,\ K$。

在此，需要涉及两个概念，一是 Pareto 支配关系，对于最小化多目标问题，n 个目标分量 $f_i(i = 1,\ 2,\ \cdots,\ n)$ 组成向量 $\bar{f}(\bar{X}) = (f_1(\bar{X}),\ f_2(\bar{X}),\ \cdots f_n(\bar{X}))$，任意给定两个决策变量 $(\bar{X}_u)$，$(\bar{X}_v) \in U$：

当且仅当，对于 $\forall_i \in \{1,\ \cdots,\ n\}$，都有 $f_i(\bar{X}_u) < f_i(\bar{X}_v)$，则 $\bar{X}_u$ 支配 $\bar{X}_v$。

当且仅当，对于 $\forall_i \in \{1, \cdots, n\}$，有 $f_i(\bar{X}_u) \leqslant f_i(\bar{X}_v)$，且至少存在一个 $j \in \{1, \cdots, n\}$，使 $f_j(\bar{X}_u) < f_j(\bar{X}_v)$，则 $\bar{X}_u$ 弱支配 $\bar{X}_v$。

当且仅当，对于 $\exists_i \in \{1, \cdots, n\}$，使 $f_i(\bar{X}_u) < f_i(\bar{X}_v)$，同时，$\exists_i \in \{1, \cdots, n\}$，使 $f_j(\bar{X}_u) < f_j(\bar{X}_v)$，则 $\bar{X}_u$ 与 $\bar{X}_v$ 互相不支配。

二是对 Pareto 最优解的界定，Pareto 最优概念最早由法国经济学家 Pareto 于 1896 年提出。由于多目标优化问题与单目标优化问题存在较大差异，因此对两者的优化方法也大相径庭。一般来说，当求解一个目标函数的最优解时，只需寻找一个最好的解，由于这个解优于其他所有的解，它通常是全局最小或最大，也就是全局最优的解。但对于求解多目标时，由于各目标之间存在冲突而不能比较，这样就很难找到一个使所有目标函数同时最优的解，即一个解可能对于某个目标函数是最好的，而对其他目标函数来说却不是最好的，甚至可能是最差的。因此，对于多目标优化问题，通常只存在一个解集，而就全体目标函数来说，这些解是很难比较谁优谁劣的。又由于它具有“无法在改进任何目标函数的同时不削弱至少一个其他目标函数”的特点，因此我们把这种解称作非支配解（Nondominated Solution）或 Pareto 最优解（Pareto Optimal Solutions），并将其定义如下：

对于最小化多目标问题，n 个目标分量 $f_i(i = 1, 2, \cdots, n)$ 组成向量 $\bar{f}(\bar{X}) = (f_1(\bar{X}), f_2(\bar{X}), \cdots, f_n(\bar{X}))$，$\bar{X}_u \in U$ 为决策变量，若 $\bar{X}_u$ 为 Pareto 最优解，则满足：

当且仅当，不存在决策变量 $\bar{X}_v \in U$，$v = f(\bar{X}_v) = (v_1, \cdots, v_n)$ 支配 $u = f(\bar{X}_u) = (u_1, \cdots, u_n)$，即不存在 $\bar{X}_v \in U$ 使得正式成立：

$$\forall_i \in \{1, \cdots, n\},\ v_i \leqslant u_i \ \wedge\ \exists_i \in \{1, \cdots, n\} \mid v_i < u_i \tag{6-37}$$

然而，遗憾的是，传统的以单点搜索为特征的数学规划法和模拟退火算法很难利用 Pareto 最优对其进行评估，致使 Pareto 最优概念提出之后的一百多年也没有产生传统算法意义上的相关算法。但令人兴奋的是，随着生物遗传学的原理在最优算法中的应用，一种基于种群演化的算法可以隐并行地搜索解空间的多个解，同时可利用它们之间不同解的相似性提高并行求解问题的效率，而与 Pareto 最优概念相结合，就有可能产生基于 Pareto 最优概念的多目标优化演化算法，从而实现非劣最优解集的搜索。

6.4.2　多目标优化遗传算法 NSGA 简介

一般来说，可将多目标遗传算法分为基于非 Pareto 的算法和基于 Pareto 的算法两种，其中，基于 Pareto 最优的非劣前沿分类遗传算法 NSGA(Non-Dominated Sorting Genetic Algorithm)由 Srinivas 和 Deb 在 1994 年提出，首次发表在 IEEE 的 Evolutionary Computation 杂志上，它在求解多目标优化问题时更是有明显的优势，通过这种算法可得到分布均匀的非劣最优解。但随着研究的逐步深入及应用领域的不断扩大，NSGA 算法的缺点也渐渐显现，主要表现在它的计算复杂性高、缺乏精英策略及需要人为指定共享参数等几个方面，这些缺陷的存在激发了学者们进一步研究和完善该算法的动力。功夫不负有心人，在短短的几年间，在众多学者的努力下，又是 Deb 等人于 2000 年在对 NSGA 算法中最核心的非劣前沿分类方法进行改进的同时，又引入了精英策略及聚焦距离计算，从而在对 NSGA 算法进行修正的基础上，最终提出了带精英策略的非劣前沿分类遗传算法 NSGA－Ⅱ，由于它具有良好的收敛性和分布性，又有较快的收敛速度及鲁棒性好的优点，从而极大地提高了算法的性能，因此最大限度地克服了传统 NSGA 算法的缺陷。

NSGA－Ⅱ算法的基本思想是：首先，通过随机产生规模为 N 的初始种群，对其进行非支配分类，再通过遗传算法的选择、交叉和变异三个基本的操作后得到下一代种群，并将它们作为第一个子代种群；其次，从第二代种群开始，合并父代种群与子代种群，并对其进行快速非劣前沿分类，同时计算每个非劣前沿等级中的个体聚焦距离，再根据个体间的聚焦距离及非劣前沿的等级选取合适的个体组成新的父代种群；最后，再通过遗传算法中的选择、交叉与变异等同样的操作后再产生新一代的子代种群，依此类推，直到满足程序结束的条件为止。因此，可将 NSGA-Ⅱ算法的具体过程概括如下：

(1) 随机产生初始种群 P_0，之后对种群进行非劣排序，并对每个个体赋予秩；

(2) 对初始种群执行二元锦标赛式的选择、交叉和变异，从而得到新种群 Q_0，令 $t=0$；

(3) 形成新的种群 $R_t=P_t+Q_t$，对种群 R_t 进行非劣排序，进而得到非劣前端 F_1，F_2，…；

(4) 对所有的 F_i 按拥挤比较操作 $<N$ 进行排序，选择出其中最好的 N 个个体形成种群 P_{t+1}；

(5) 对种群 P_{t+1} 执行复制、交叉和变异，又形成新的种群 Q_{t+1}；

(6) 如果终止条件成立，则结束；否则，$t=t+1$，转到(3)。

NSGA-Ⅱ的伪代码及其含义见表 6-1。

表 6-1 NSGA-Ⅱ的伪代码及含义

伪 代 码	代 码 含 义
$R_t=P_t\cup Q_t$	将父代种群和子代种群组合
$F=fast-nondo\min ated-sort(R_t)$ $Until\ \|P_{t+1}\|<N$	R_t 所有的非支配前沿 $F=(F_1, F_2, \cdots)$
$Crowding-dis\tan ce-assignment(F_i)$	计算拥挤度
$P_{t+1}=P_{t+1}[0:N]$	取最好的前 n 个个体
$Q_{t+1}=make-new-pop(P_{t+1})$	选择、交叉、变异生成新的种群
$t=t+1$	

NSGA-Ⅱ算法相应程序的流程图如下：

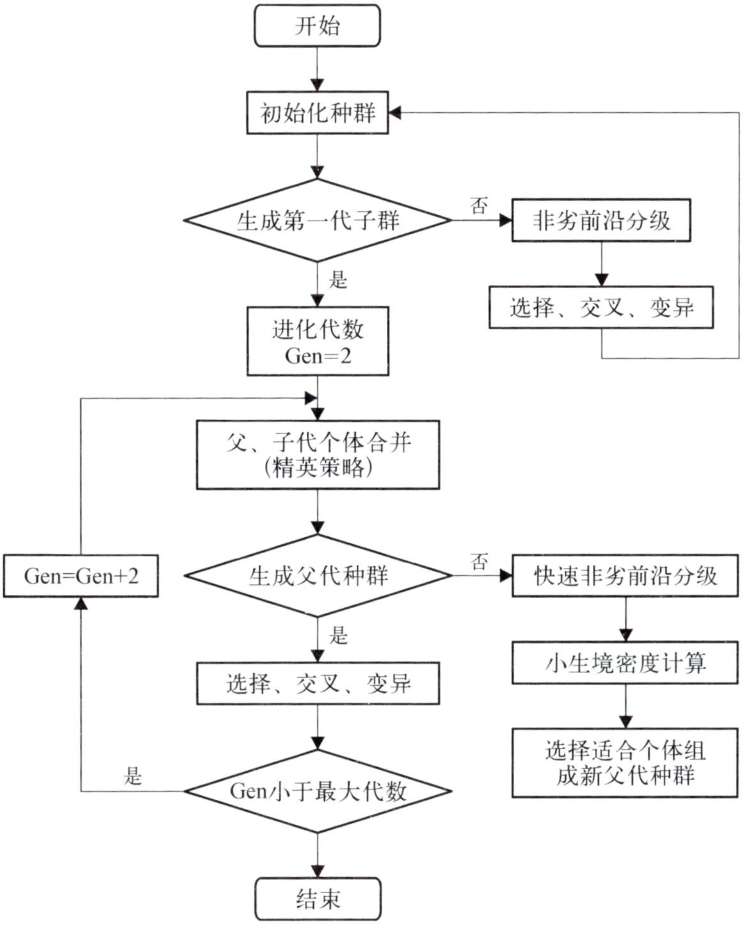

图 6 - 3　NSGA - Ⅱ 算法流程图

NSGA - Ⅱ 在求解多目标优化的优点及其普遍适用性，已经被大多数学者广泛认同，因此它已成为目前公认的求解多目标优化最好的优化算法之一。由于外汇储备管理本身就是一个多目标的优化管理过程，特别是在超额外汇储备资产的多层次优化配置中，如何实现资产组合的优化，最终实现安全性、流动性与收益性的协调统一，从而达到国家财富的最大化，是一个非常复杂的多目标优化问题，因此，引入 NSGA - Ⅱ 算法求解外汇储备资产最优权重是非常适合的。

6.4.3 参数设定

为了克服已有研究在设定 NSGA－Ⅱ算法参数时的主观性，本书通过对各投资标的实际数据进行计算的基础上，结合超额外汇储备资产和各类资产的特点，计算或估计出相应的参数。本书分别计算各种资产的收益率、方差和协方差，并估计出相应的参数。

（1）债权资产收益率

在超额外汇储备资产的投资组合中，由于债权资产是一种安全性较高、流动性较强的金融资产，它也是被公认的低风险资产，因此，它成为各国外汇储备资产首选的金融资产。我国也不例外，在当前的外汇储备资产中，债权资产占有很大的比重，但正因为我国的债权资产比重较大，收益率也较低，且投资较为集中，这使得我国的外汇储备资产面临较大的风险，特别是在当前金融危机尚未消除及欧洲债务危机愈演愈烈的背景下，防范债权资产风险是非常有必要的。因此，我国超额外汇储备资产除了减少投资于主要国家债权资产的总量和比重外，当务之急是通过将外汇储备投资于更多的国家来分散投资风险，为此，本书选择不同类型国家的债权资产来计算投资收益率。考虑到目前债权资产主要以外国国债的形式持有，并且主要持有发达国家及主要发展中国家的债券为主，因此我们首先选择发达国家（包括美国、英国、德国、日本、法国、加拿大、意大利等）1991—2011 年 10 年期国债收益率、政府机构债券收益率及高等级企业债券收益率求它们的平均收益率后，得到发达国家的债券投资收益率。其次，我们选择除中国之外的金砖国家（巴西、俄罗斯、印度、南非）1991—2011 年 10 年期债券收益率的数据，并计算它们的平均收益率后，得到发展中国家的债券收益率。最后，对计算出的发达国家和发展中国家的债券收益率进行算术平均后得到所有国家的平均债券收益率，计算结果见表 6－2。

表 6－2　债券平均收益率

年　度	债券收益率	年　度	债券收益率
1991	6.84%	2002	4.71%
1992	6.56%	2003	4.62%
1993	5.49%	2004	4.60%
1994	7.44%	2005	4.60%
1995	5.75%	2006	4.78%
1996	5.82%	2007	4.89%
1997	6.65%	2008	4.03%
1998	6.14%	2009	4.33%
1999	6.99%	2010	4.35%
2000	6.50%	2011	3.67%
2001	5.92%		

注：数据来源，Wind 咨询，并经过计算。

(2) 对外直接投资收益率

在我国正面临经济转型、产业结构调整的背景下，本书认为如何利用外汇储备支持我国企业的“走出去”战略是外汇储备运用的创新，它不仅可以实现我国产业的对外转移，并从中获取相对较高的利润回报，而且还可实现国家的战略利益。因此，本书将对外直接投资作为外汇储备投资的一个重要标的。在此，选择中国对外直接投资的平均收益率作为外汇储备投资的收益率(表 6－3)。

表 6－3　中国对外直接投资平均收益率

年　度	平均收益率	年　度	平均收益率
2006	5.8%	2009	9.6%
2007	10.1%	2010	5.1%
2008	9.4%	2011	6.9%

注：数据来源，瑞安经管中心，IMF，美国商务分析局。

(3) 股权资产收益率

由于股权资产是金融市场中最重要的投资品种之一，虽然它的收益率波动较大，短期风险也较高，但从长期来看(10 年或 20 年)，它的收益率还是相当高的。超额外汇储备作为国家金融资产，其管理的目标是实现资产价值的最大化，因此，对股权资产的投资完全符合超额外汇储备资产追求高回报的要求。而在各种股权资产中，最适合超额外汇储备资产的是股票投资，在此我们将全球股票市场 10 年期的收益率作为外汇储备投资股权资产的收益率。计算方法如下：首先，计算主要发达国家(美国、德国、法国、日本)1991—2011 年的平均股票收益率，其次计算主要发展中国家(南非、俄罗斯、印度、巴西)1991—2011 年的平均股票收益率，最后再将主要发达国家和发展中国家的平均收益率进行平均而得到全球股票的平均收益率，计算结果见表 6-4。

表 6-4 股票平均收益率

年　度	股票收益率/%	年　度	股票收益率/%
1991	47.65	2002	−13.30
1992	16.16	2003	43.02
1993	23.81	2004	11.54
1994	7.13	2005	36.25
1995	−5.19	2006	31.01
1996	35.13	2007	17.77
1997	29.95	2008	−44.43
1998	−9.64	2009	51.20
1999	78.32	2010	9.95
2000	−12.21	2011	−14.26
2001	0.29		

注：数据来源，Wind 咨询，并经过整理和计算。

（4）另类投资收益率

由于我国可用于投资的超额外汇储备资产数量较大，如果将其完全投资于全球金融市场必然会引起市场的振荡，同时也会给外汇储备资产本身造成不必要的损失。因此，世界各国在对外汇储备资产进行投资时都会选择一部分另类资产作为外汇储备资产投资的标的。又由于另类资产的品种较多，并且风险相对其他金融资产来说也是最高的，而且另类投资中的有些投资品种容量也有限，难以满足外汇储备的大额投资需求。因此，本书在选择另类投资时，主要考虑以房地产为代表的不动产投资，在计算收益率时也主要以房地产收益率为主。但需要说明的是，由于发展中国家的房地产市场不太成熟，对投资者保护相关的法规也不够健全，对发展中国家的房地产投资可能会存在较大的风险隐患。因此，本书主要选择发达国家的房地产进行投资，并将其收益率作为另类投资的收益率。在此，我们选择各发达国家（英国、美国、法国、德国、日本）1991—2011 年房地产收益率数据并对其进行平均后得到全球房地产平均收益率数据，计算结果见表 6-5。

表 6-5　房地产平均收益率

年　度	房地产收益率/%	年　度	房地产收益率/%
1991	8.9	2000	13.35
1992	−9.03	2001	−6.17
1993	30.23	2002	−5.36
1994	−6.22	2003	17.27
1995	6.23	2004	31.43
1996	−0.73	2005	32.37
1997	6.51	2006	42.54
1998	1.03	2007	−26.82
1999	8.93	2008	−45.82

续 表

年　度	房地产收益率/%	年　度	房地产收益率/%
2009	17.34	2011	−13.72
2010	14.12		

注：数据来源，Wind 咨询，并经过整理和计算。

为了便于比较和分析，我们可综合表 6－2 至表 6－5，再结合在各种风险资产的收益率服从连续正态分布的假定下，各种资产的收益率可用期望收益率代替，即，$E(r_i)=\mu_i$。因此，通过计算各类资产 1991—2011 年的平均收益率，并以此作为该类资产的期望收益率，计算结果见表 6－6。

表 6－6　各种资产收益率汇总表

年　度	债券收益率 r_1 /%	FDI 收益率 r_2 /%	股票收益率 r_3 /%	房地产收益率 r_4 /%
1991	6.84		47.65	8.9
1992	6.56		16.16	−9.03
1993	5.49		23.81	30.23
1994	7.44		7.13	−6.22
1995	5.75		−5.19	6.23
1996	5.82		35.13	−0.73
1997	6.65		29.95	6.51
1998	6.14		−9.64	1.03
1999	6.99		78.32	8.93
2000	6.50		−12.21	13.35
2001	5.92		0.29	−6.17
2002	4.71		−13.30	−5.36
2003	4.62		43.02	17.27
2004	4.60		11.54	31.43

续 表

年 度	债券收益率 r_1 /%	FDI 收益率 r_2 /%	股票收益率 r_3 /%	房地产收益率 r_4 /%
2005	4.60		36.25	32.37
2006	4.78	5.8	31.01	42.54
2007	4.89	10.1	17.77	−26.82
2008	4.03	9.4	−44.43	−45.82
2009	4.33	9.6	51.20	17.34
2010	4.35	5.1	9.95	14.12
2011	3.67	6.9	−14.26	−13.72
期望收益率（μ_i）	5.46	7.82	16.20	5.54

为了更清楚地分析各类资产平均收益率的波动趋势，我们可根据表 6－6 的数据，绘制出图 6－4。

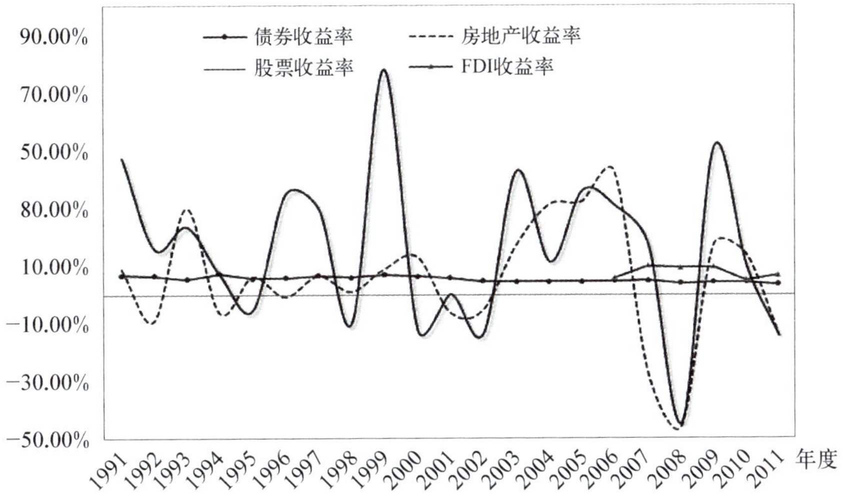

图 6－4 各类资产收益率波动趋势

从图 6－4 中可以清楚地看出，债权类资产收益率的波动幅度最小，几乎是一条与横轴平行的线。而对外直接投资，股权类资产和以房地产为代表的另类投资的收益率波动幅度都很大，其中在21年的样本区间内，股权类资产的最高收益率为1999年的78.32%，而房地产的最高收益率则为2006年的42.54%，但在金融危机期间的2008年，两者都跌至−45%左右，达到近20年的谷底。

同时，从表6－6中各类资产的期望收益率可知，房地产的期望收益率只有5.54%，这似乎与它的较大波动幅度所代表的高风险不匹配。不过进一步分析发现，我们所选的样本区间正好经历了1997年开始的亚洲金融危机和2008年的国际金融危机，特别是2007年发端于美国的次贷危机，最终演变成百年一遇的金融危机，这无疑给发达国家的房地产业带来沉重的打击。但换个角度思考，这或许是我国超额外汇储备投资全球房地产业的契机，因为排除特殊情况后，我们仍然有理由相信以房地产业为代表的另类投资是可能带来高收益的，也是我国超额储备全球分散化组合投资应选择的资产形式之一。

综合上述分析，本书所选择的债权类资产、对外直接投资、股权类资产和另类投资四类风险程度不同的资产应该分别对应着四个不同的标准差，即$\sigma_i(i=1, 2, 3, 4)$，且$\sigma_1<\sigma_2<\sigma_3<\sigma_4$，同时也应该分别对应着四个不同的相对风险厌恶系数，即$\gamma_i(i=1, 2, 3, 4)$，且$\gamma_1<\gamma_2<\gamma_3<\gamma_4$。结合超额储备资产优化配置模型式(6－34)，该模型有两个目标函数，遗传算法的控制参数可结合上述计算结果，本书将相关的计算参数列表如下(表6－7)。

表6－7　算法参数

参数代码	参数含义	取值范围
γ_1	A_1的相对风险厌恶系数	0.10
γ_2	A_2的相对风险厌恶系数	0.15
γ_3	A_3的相对风险厌恶系数	0.20

续　表

参数代码	参数含义	取值范围
γ_4	A_4 的相对风险厌恶系数	0.25
c_i	置信度 $c_1 = c_2 = c_3 = c_4$	0.05
μ_1	A_1 的期望收益率	0.054 6
μ_2	A_2 的期望收益率	0.078 2
μ_3	A_3 的期望收益率	0.162 0
μ_4	A_4 的期望收益率	0.055 4
σ_1	A_1 的收益率标准差	0.10
σ_2	A_2 的收益率标准差	0.15
σ_3	A_3 的收益率标准差	0.20
σ_4	A_4 的收益率标准差	0.25
Δt	资产组合持有期限	10
POPSIZE	种群规模	500
GEN	新种群规模	200
P_m	变异概率	0.1
p_c	交叉概率	0.9

6.5　模型求解及结果分析

6.5.1　模型求解

MATLAB 自带的 gamuhiobj 函数所采用的算法，就是基于 NSGA-Ⅱ改进的一种多目标优化算法（a variant of NSGA-Ⅱ），这为在 MATLAB 平台下解决多目标优化问题提供了良好的途径，本研究正是借助这一分析工具完成优化模型求解的。在此，可根据上述参数中的相应的参数，运用 MATLAB 编程并计算，对模型（式 6 - 34）进行求解。

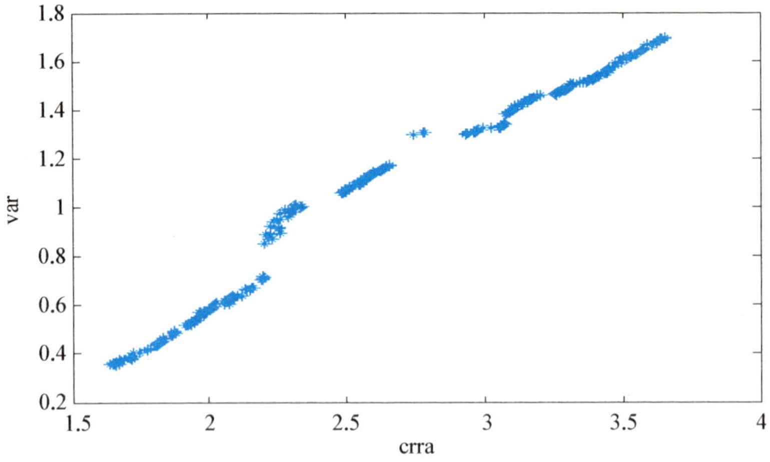

图 6 - 5　Pareto 最优解集前沿图

如图 6 - 5 所示，经过多次迭代之后得到的 Pareto 最优解集，种群的分布形如一条断断续续的线段，还带有一定的趋势，波动幅度也较小，并且较为集中。这说明，所有种群已经收敛到一个较小的区域内，个体也均匀分布在这些解集中，相应地，图中的每个点对应的是一个 Pareto 最优解，同时也很好地保留了边界个体，可见，模型的优化是比较成功的。

同时，为了更清楚地反映各解集的构成及超额外汇储备资产最优的权重，我们将相应的最优解集见表 6 - 8。①

表 6 - 8　Pareto 最优解集

CRRA	VaR	α_1	α_2	α_3	α_4
2. 972 658	1. 314 302	0. 140 569	0. 167 298	0. 556 440	0. 135 510
2. 588 985	1. 127 224	0. 242 090	0. 258 983	0. 363 145	0. 135 816

① 全部的运行解集应为 500 个，限于篇幅，我们只选取其中的 100 个。

续　表

CRRA	VaR	α_1	α_2	α_3	α_4
2.973 550	1.314 309	0.142 402	0.167 699	0.556 054	0.133 938
2.972 572	1.314 036	0.141 017	0.167 490	0.556 192	0.135 147
2.645 435	1.158 953	0.238 136	0.232 614	0.393 805	0.135 359
2.983 567	1.315 114	0.130 822	0.174 445	0.559 528	0.135 250
2.559 434	1.103 107	0.234 351	0.258 756	0.350 883	0.156 073
2.568 511	1.115 311	0.247 838	0.251 712	0.355 491	0.144 915
2.559 346	1.102 270	0.234 542	0.258 751	0.350 632	0.156 082
2.988 131	1.317 837	0.129 286	0.172 307	0.562 364	0.135 949
2.565 699	1.111 584	0.236 411	0.252 753	0.356 024	0.154 513
2.631 688	1.150 761	0.232 745	0.247 373	0.385 405	0.134 322
2.596 931	1.135 102	0.247 686	0.250 570	0.368 348	0.133 309
2.601 332	1.135 843	0.245 835	0.248 569	0.370 569	0.134 984
2.490 662	1.058 245	0.230 473	0.251 019	0.324 458	0.193 670
2.511 478	1.077 492	0.246 183	0.264 489	0.327 864	0.161 470
2.552 714	1.090 801	0.217 471	0.254 324	0.350 758	0.177 232
2.602 588	1.137 948	0.245 775	0.248 994	0.371 263	0.134 090
2.644 570	1.158 018	0.238 190	0.232 109	0.393 382	0.136 395
2.572 363	1.117 012	0.246 050	0.252 131	0.357 194	0.144 580
2.593 105	1.129 304	0.240 330	0.260 498	0.364 724	0.134 481
2.509 984	1.070 371	0.234 331	0.256 338	0.330 300	0.178 895
2.510 367	1.071 760	0.233 891	0.256 507	0.330 629	0.179 207
2.532 237	1.088 149	0.241 977	0.259 646	0.338 159	0.160 218
2.624 114	1.145 109	0.235 779	0.247 949	0.381 128	0.135 123
2.593 221	1.129 694	0.240 369	0.260 321	0.364 883	0.134 479
2.602 473	1.137 558	0.245 735	0.249 171	0.371 103	0.134 092
2.552 706	1.088 436	0.219 509	0.254 062	0.349 692	0.176 719

续 表

CRRA	VaR	α_1	α_2	α_3	α_4
2. 558 425	1. 093 401	0. 213 237	0. 257 340	0. 352 771	0. 176 922
2. 524 234	1. 085 825	0. 242 776	0. 260 159	0. 335 102	0. 162 123
2. 509 628	1. 069 841	0. 234 223	0. 256 766	0. 329 972	0. 178 921
2. 565 063	1. 106 344	0. 236 463	0. 253 099	0. 354 265	0. 156 153
2. 562 993	1. 105 332	0. 236 491	0. 253 175	0. 353 449	0. 156 844
2. 624 662	1. 149 573	0. 237 739	0. 250 083	0. 381 530	0. 130 482
2. 300 718	0. 976 863	0. 260 149	0. 392 752	0. 210 831	0. 135 769
2. 970 744	1. 309 697	0. 132 008	0. 181 991	0. 552 540	0. 133 575
2. 657 134	1. 164 508	0. 237 892	0. 227 904	0. 399 529	0. 134 663
2. 595 785	1. 134 271	0. 244 897	0. 251 016	0. 368 339	0. 135 579
2. 963 871	1. 304 198	0. 133 341	0. 179 158	0. 549 826	0. 137 725
2. 959 918	1. 302 111	0. 132 460	0. 179 011	0. 548 559	0. 139 860
2. 939 029	1. 299 929	0. 133 107	0. 189 352	0. 539 992	0. 136 897
2. 580 672	1. 120 005	0. 241 461	0. 254 959	0. 360 314	0. 143 276
2. 489 177	1. 055 616	0. 229 332	0. 255 376	0. 322 436	0. 192 581
2. 298 824	0. 973 919	0. 264 266	0. 391 506	0. 208 654	0. 135 890
2. 575 486	1. 118 164	0. 245 845	0. 251 010	0. 358 614	0. 144 541
2. 933 340	1. 296 084	0. 133 965	0. 179 514	0. 539 211	0. 148 126
2. 258 190	0. 892 295	0. 230 634	0. 177 007	0. 240 672	0. 350 905
2. 523 933	1. 084 946	0. 246 077	0. 256 644	0. 335 085	0. 162 238
2. 298 836	0. 974 728	0. 259 872	0. 394 004	0. 209 493	0. 136 187
2. 969 364	1. 306 989	0. 129 125	0. 183 514	0. 551 773	0. 135 510
2. 332 337	0. 994 777	0. 269 013	0. 391 063	0. 222 021	0. 117 933
2. 215 912	0. 865 372	0. 244 454	0. 178 322	0. 219 329	0. 357 471
2. 992 359	1. 321 195	0. 130 835	0. 174 011	0. 563 542	0. 131 560
2. 602 294	1. 137 091	0. 245 878	0. 249 190	0. 370 914	0. 134 092

续　表

CRRA	VaR	α_1	α_2	α_3	α_4
2. 287 879	0. 959 199	0. 260 464	0. 390 061	0. 203 325	0. 146 138
2. 336 538	0. 997 640	0. 259 126	0. 401 256	0. 223 366	0. 116 022
2. 619 170	1. 144 952	0. 238 816	0. 248 406	0. 379 090	0. 133 587
2. 602 715	1. 138 139	0. 245 785	0. 248 902	0. 371 363	0. 134 079
2. 315 685	0. 990 193	0. 253 937	0. 395 422	0. 218 933	0. 130 862
2. 501 926	1. 063 062	0. 232 739	0. 263 528	0. 324 697	0. 179 035
2. 587 150	1. 127 609	0. 242 152	0. 259 101	0. 362 801	0. 135 826
2. 980 386	1. 316 802	0. 130 798	0. 174 442	0. 559 293	0. 135 207
2. 971 298	1. 315 424	0. 141 011	0. 167 485	0. 556 286	0. 134 936
2. 565 248	1. 116 649	0. 240 928	0. 255 105	0. 355 728	0. 147 809
2. 630 351	1. 152 789	0. 232 634	0. 247 348	0. 385 365	0. 135 012
2. 599 547	1. 136 384	0. 245 936	0. 248 568	0. 370 273	0. 135 085
2. 640 704	1. 159 395	0. 239 645	0. 231 880	0. 392 396	0. 136 357
2. 640 095	1. 158 562	0. 239 629	0. 231 084	0. 392 483	0. 136 566
2. 641 015	1. 162 399	0. 238 050	0. 233 229	0. 393 584	0. 134 690
2. 640 872	1. 160 327	0. 238 451	0. 231 500	0. 393 329	0. 136 378
2. 569 217	1. 117 684	0. 245 288	0. 252 219	0. 356 777	0. 145 489
2. 570 499	1. 117 841	0. 245 768	0. 252 099	0. 356 880	0. 145 444
2. 510 298	1. 079 644	0. 246 175	0. 264 544	0. 328 014	0. 161 457
2. 623 288	1. 146 356	0. 235 793	0. 248 057	0. 381 129	0. 135 156
2. 591 828	1. 131 237	0. 240 320	0. 260 598	0. 364 786	0. 134 503
2. 550 499	1. 091 939	0. 215 675	0. 254 432	0. 350 924	0. 178 547
2. 530 477	1. 089 425	0. 241 950	0. 259 506	0. 338 145	0. 160 257
2. 555 451	1. 101 948	0. 237 808	0. 254 664	0. 349 890	0. 157 727
2. 557 420	1. 103 177	0. 234 727	0. 258 908	0. 350 351	0. 155 890
2. 217 245	0. 875 106	0. 230 064	0. 175 060	0. 226 534	0. 366 913

续 表

CRRA	VaR	α_1	α_2	α_3	α_4
2.221 846	0.887 976	0.235 516	0.177 381	0.227 687	0.361 378
2.199 238	0.845 837	0.224 274	0.183 415	0.212 305	0.380 617
2.504 035	1.071 587	0.235 510	0.257 446	0.328 267	0.179 200
2.508 788	1.072 887	0.233 733	0.256 533	0.330 468	0.179 643
2.508 853	1.079 266	0.246 185	0.264 408	0.327 766	0.161 433
2.507 007	1.072 303	0.234 208	0.256 992	0.329 628	0.179 566
2.564 272	1.107 199	0.236 463	0.253 096	0.354 320	0.156 022
2.564 950	1.112 910	0.247 336	0.252 069	0.353 905	0.146 752
2.970 224	1.311 162	0.137 803	0.167 905	0.555 411	0.138 701
2.653 483	1.165 350	0.237 599	0.228 645	0.398 556	0.135 421
2.652 817	1.164 577	0.237 119	0.228 765	0.398 453	0.135 467
2.654 095	1.166 445	0.237 091	0.228 687	0.399 323	0.134 644
2.652 543	1.164 534	0.237 109	0.228 857	0.398 352	0.135 478
2.594 360	1.134 669	0.238 352	0.257 379	0.367 481	0.137 215
2.595 129	1.135 211	0.250 406	0.249 376	0.367 565	0.132 750
2.963 469	1.305 634	0.135 670	0.176 158	0.550 469	0.137 602
2.578 656	1.120 925	0.241 676	0.254 985	0.360 047	0.143 161
2.578 940	1.126 014	0.249 654	0.253 405	0.360 211	0.136 559
2.482 800	1.057 250	0.236 989	0.251 565	0.320 260	0.191 637
2.488 684	1.059 454	0.230 506	0.251 095	0.324 301	0.193 576

6.5.2 结果分析

为了进一步分析 Pareto 最优解集，我们分别对 CRRA 效用函数、VaR 及各种金融资产的结构进行深入分析，以揭示各自的波动趋势及它们之间的相互关系。

从 CRRA 和 VaR 的波动趋势看(图 6－6)，内环表示 VaR，外环表示 CRRA，从图中可看到，VaR 在 0.5～1.5 之间波动，而 CRRA 则在 2～3 之间波动，可见它们之间不相交，并形成一个区间。

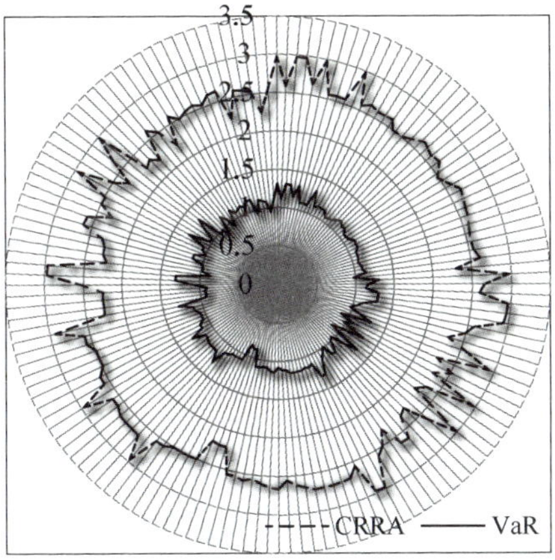

图 6－6　CRRA 和 VaR 的波动趋势

从债权资产权重的波动情况看，债权资产在 13%至 27%之间波动，可见波动频率较高且波动幅度较大（图 6－7），这说明债权投资的弹性较大，同时也表明在超额外汇储备资产实际优化配置中债权资产可供选择的余地较大。

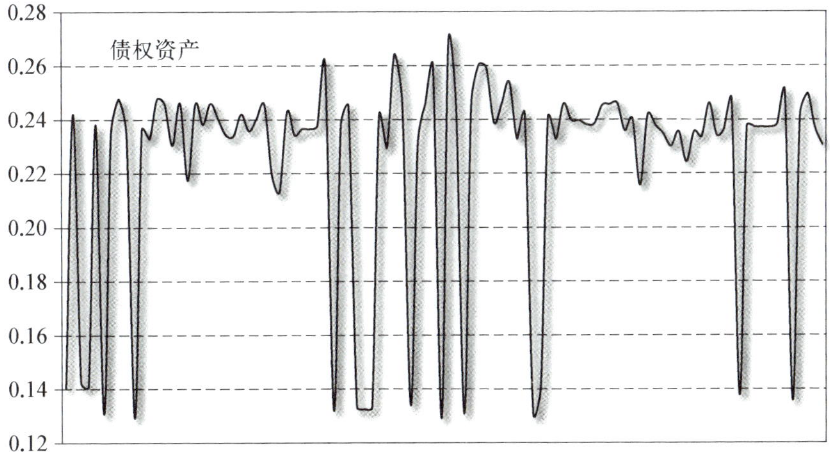

图 6－7　债权资产权重波动趋势

从对外直接投资权重的波动情况看(图 6-8),对外直接投资在16%~40%之间波动,波动幅度非常大,但波动频率并不频繁且相对稳定,这说明在超额外汇储备资产优化配置中,应保持对外直接投资比例的相对稳定,不宜随时调整对外直接投资权重。同时也说明,虽然对外直接投资的波动幅度较大,但这并不意味着对外直接投资权重可供选择的余地大,相反,波动的相对稳定性限制了对外直接投资权重经常性变动的可能性,因此,在利用超额外汇储备资产进行对外直接投资时的灵活性不高。

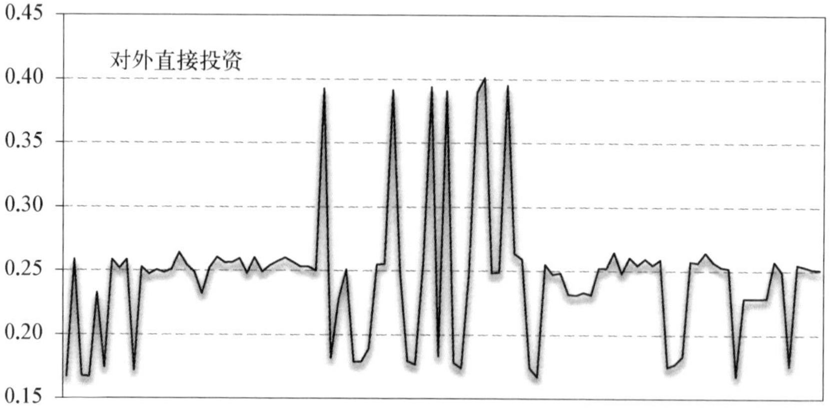

图 6-8　对外直接投资权重波动趋势

从股权投资权重来看,股权资产的权重在20%~56%之间波动(图 6-9),和债权资产一样波动幅度较大且波动频繁,它是所有资产中波动幅度最大的,从它的波动趋势也反映了以股票为代表的股权资产具有较强波动性的特征。这不仅说明它的风险较大,也说明在利用超额外汇储备资产投资股权资产时的灵活性较高。

从另类资产权重的波动情况看(图 6-10),另类资产的投资权重在12%~38%之间波动,进一步观察其波动的特征可知,虽然另类资产的波动幅度也较大,但除了偶尔有异常波动外,总体上还是稳定在15%~

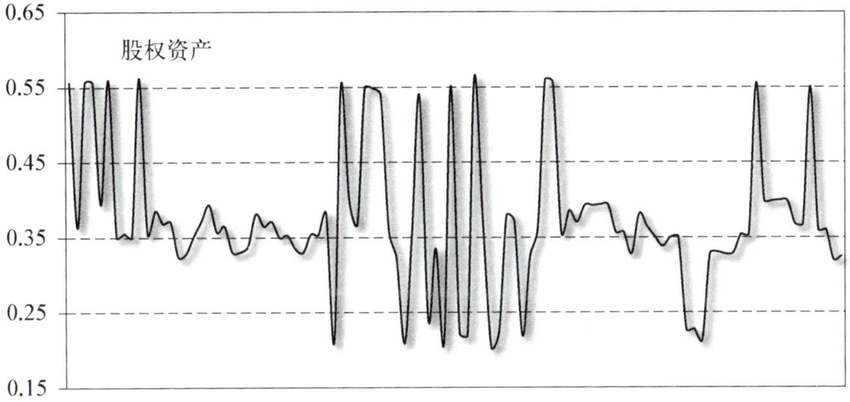

图 6－9　股权资产权重波动趋势

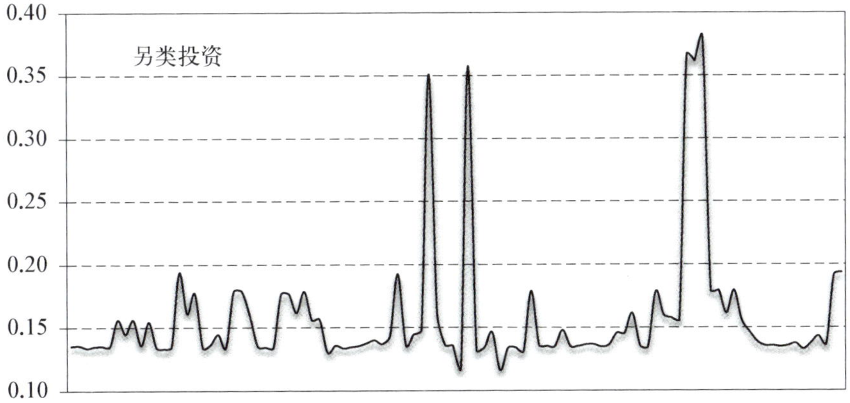

图 6－10　另类投资权重波动趋势

20%之间波动。这反映了以不动产为主的另类投资具有异常波动的特征，而且持有不动产，由于它的流动性较差，限制了资产权重快速调整的可能性，或者说资产选择的灵活性较差，因此另类资产的风险在所有资产中是最高的。这就要求我们在超额外汇储备资产优化配置中，一方面应在总量上控制对另类资产的投资，不宜将过多的外汇储备投资于另类资产；另一方面应加强另类投资的风险预警，在现实中可根据风险的大小提前调整另类资产的投资权重以规避异常风险。

总结上述对各种资产权重波动特征的分析，我们可得到各种投资标的区间（表 6－9）。

表 6－9　各投资标的权重区间

资产类型	债权资产 α_1	对外直接投资 α_2	股权资产 α_3	另类投资 α_4
权重区间	13%～27%	16%～40%	20%～56%	12%～38%

虽然各种投资标的权重都有一个各自的波动区间，各种区间的存在可为超额外汇储备资产投资提供参考，也增加了超额外汇储备投资过程中各种资产投资及总体资产优化配置的弹性和灵活性，同时也增加了外汇储备投资对外部环境变化的应变能力，比如在国际经济低迷或金融危机期间，可以适当降低外汇储备投资于各种资产的权重，而在经济繁荣或金融市场较好的时期，则可相应地增加各种资产的权重。因此，各种资产权重区间的确定可为超额外汇储备资产的投资提供参考，在实际投资过程中，可根据实际情况在各种资产的权重区间内选择相应的权重，从而有效降低投资的盲目性。

但在 Pareto 最优解集中，由于各种资产的权重为 1，因此，它们之间是一种此消彼长的关系，也就是说，当增加或减少一种资产的权重时也必然会相应地减少或增加其他一种或几种资产的权重才能实现总体资产权重为 1 的客观约束。而在超额外汇储备资产的实际投资过程中，由于各种资产权重的区间较大，这就会造成资产权重调整的随意性，同时也会加大各种资产权重选择的难度，因此，这种根据区间选择最优投资权重的方案有明显的缺陷，对现实的参考意义也有限。为了克服这种缺陷，我们还需要寻找一种更简洁、更明确、更易于操作的资产优化配置方案。

基于 NSGA－Ⅱ算法的最大优点在于，对多目标优化模型求解时不需要将多目标化为单目标，也没有必要对各个目标事先设定优先级别，而只需求出一个 Pareto 最优解集或非劣解集，并且所求出的这些解集之间也没有优劣之分，这就可根据实际需要从中选择满足自身偏好的满意解，从而可作为设计方案的依据。

从表 6－8 中也可以看出，表中的各行都是满足风险最小和期末财富的期望效用最大条件下的最优解集，理论上说，由于表中的每一行都是一个最优的解集，因此我们在对超额外汇储备资产进行多层次优化配置时选取哪一个组合都是最优的。但由于可供选择的结果太多，这无疑又会使投资者在选择最优资产组合时变得无所适从，从而增加选择的难度，因此，过多的最优解或许对投资者来说并非是最优的。为此，为了降低投资决策的难度，可将表 6－8 中的最优解集进行算术平均，从而得到各种资产的平均值，并将其作为超额外汇储备资产优化配置的结果，计算结果见表 6－10。

表 6－10　超额外汇储备资产优化配置结果　　单位：%

资产类型	债权资产 α_1	对外直接投资 α_2	股权资产 α_3	另类投资 α_4
配置权重	22.32%	24.51%	37.38%	15.79%

为了更直观，也可将超额外汇储备资产的优化配置结果用图 6－11 表示。

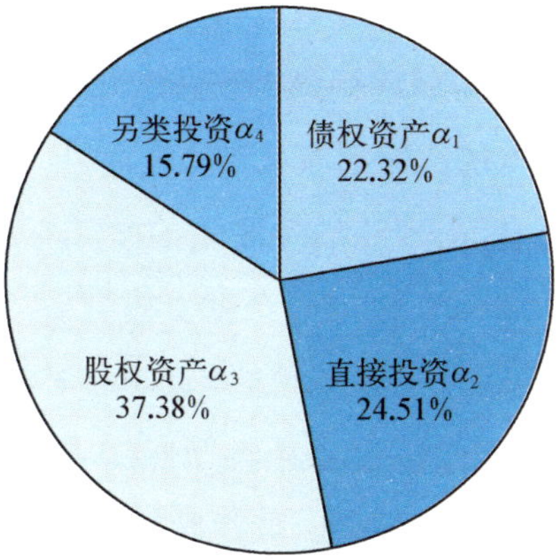

图 6－11　超额外汇储备优化配置结果

从表6-10和图6-11中可看出，在我国超额外汇储备资产优化配置中，债权资产、对外直接投资、股权投资和另类投资的权重分别为22.32%、24.51%、37.38%和15.79%，其中，股权投资占比最大，达三分之一强，而另类投资占比最小，只有15.79%，债权资产和对外直接投资都接近四分之一。优化配置结果不仅体现了超额外汇储备资产应遵循的目标、原则和策略，而且还反映了超额外汇储备资产配置中应追求“长期性、战略性和高回报”的特征，优化结果符合预期。

从债权资产来看，由于国债是长期以来各国外汇储备持有的主要资产，虽然收益率较低，但它具有安全性高和流动性强的特点，特别是在国际金融市场不稳定及我国的外汇储备规模巨大的情况下，为了分散风险，在超额外汇储备资产优化配置中配置四分之一左右的以外国国债为主的债权资产是合理的。

从对外直接投资看，由于我国目前正处于经济结构调整和产业升级的过程中，加之我国当前持有大量的外汇储备资产，如何充分利用外汇储备通过支持本国企业实现“走出去”的战略是我国应加以重视的问题。将外汇储备资产用于支持对外直接投资，不仅可以优化我国超额外汇储备资产的结构，减少大量外汇储备资产过多集中于某类金融资产，以降低风险，而且还可通过对外直接投资，将外汇储备资产投资于其他国家，在获得直接投资相对较高利润的同时，还可获取我国紧缺的资源，从而实现外汇储备资产投资的战略目标。

从股权资产投资看，由于超额外汇储备投资与适度外汇储备资产投资的最大区别在于适度外汇储备资产主要投资于安全性和流动性高的金融资产，而营利性则放在次要地位，但超额外汇储备资产的投资则主要投资于高回报的金融资产，并兼顾流动性和安全性，以实现外汇储备资产的利润最大化为其首要目标。虽然股权投资的短期风险相对较大，但从长期来看(10年或20年)，有充分的证据表明，以股票为主的股权资产投资的收益率在所有的金融资产中是最高的，这种长期投资可获得高回报的特点，正好与超额外汇储备资产投资于长期性、高回报金融资产的要求相吻合。因此，将超额外汇储备资产中的三分之一左右投资于股权资产是合适的，这不仅可获得超额收益，而且也可兼顾国家战略利益。

从另类投资来看，由于另类投资是投资于传统资产和对外直接投资之外的其他投资方式，它主要投资于不动产、私募股权、风险资本、商品、基础设施和对冲基金等。虽然另类投资的风险较大，但它却成为世界多国（新加坡和挪威）外汇储备资产投资普遍接受的投资方式，并且这些国家在另类投资中已经获得了成功。又由于我国的超额外汇储备资产规模较大，加之投资标的数量受到限制及另类投资的风险较高，我们在超额外汇储备资产优化配置时，也要从投资总量上加以控制，因此我们在投资另类资产时控制在15%左右也是合理的。

在上述超额外汇储备资产优化配置结果的基础上，可根据表6－10中超额外汇储备资产组合的最优资产权重计算结果，再结合本书第3章已经测度出的超额外汇储备规模历年数据，可计算出各年度各类资产应该持有的具体数量，从而得到我国超额外汇储备资产的动态投资组合。因此，选择2007—2011年的超额规模数据（见第3章表3－4），结合相应的最优资产权重测算结果，可得到近五年我国超额外汇储备资产的优化配置情况，见表6－11。

计算结果表明，如果按债权资产、对外直接投资、股权资产和另类投资的比例分别为22.32%、24.51%、37.38%和15.79%进行计算，2011年我国19 369.10亿美元的超额外汇储备资产中，分别应持有债权资产4 323.18亿美元、对外直接投资4 747.37亿美元、股权资产7 240.17亿美元和另类投资3 058.38亿美元。同理，在2010年17 344.99亿美元的超额外汇储备中，这四类资产的持有数量分别为3 871.40亿美元、

4 251.26亿美元、6 483.56亿美元和2 738.77亿美元。运用同样的分析思路和方法，可以得到其他年份的配置结果（表6－11）。

表6－11　超额外汇储备资产的优化配置　　单位：亿美元

年　度	超额外汇储备规模	债权资产	对外直接投资	股权资产	另类投资
		22.32%	24.51%	37.38%	15.79%
2007	6 309.81	1 408.35	1 546.53	2 358.61	996.32
2008	11 886.53	2 653.07	2 913.39	4 443.19	1 876.88
2009	16 235.81	3 623.83	3 979.40	6 068.95	2 563.63
2010	17 344.99	3 871.40	4 251.26	6 483.56	2 738.77
2011	19 369.10	4 323.18	4 747.37	7 240.17	3 058.38

可见，通过引入近五年的超额外汇储备规模数据，结合已经测算出的最优资产组合权重，可以计算出与各类资产权重相对应的具体投资数量，得到了历年的投资组合。因此，本书不仅求解出超额储备资产组合中各类资产的权重，实现了资产结构优化，还结合实际数据计算出具体的投资组合规模，实现了超额外汇储备资产的优化配置，从而使研究结果更具有实际性和可操作性。

6.6　本章总结

本书在将外汇储备划分为适度需求和超额需求的基础上，根据各类金融资产风险从低到高的顺序，又将超额外汇储备需求进一步划分为债权投资需求、对外直接投资需求、股权投资需求和另类投资需求不同的需求层次。并认为超额外汇储备资产的投资盈利需求可通过投资于多层次的金融资产和非金融资产来满足，而多层次的金融资产在为超额外汇储备投资拓展空间的同时也加大了储备资产优化配置的难度。因此，在对超额外汇储备资产进行优化配置时，应在遵循其管理目标原则的前提下，灵活执行投资策略，充分考虑各类资产的特性，以避免投资的盲目性。

本书将超额外汇储备资产视为一国的主权财富，且具有“主权性、国际性和资本性”等特点，这就决定了其优化配置的目标是在注重超额外汇储备资产“长期性、战略性及高回报”的基础上追求收益最大化。因此，超额外汇储备的多层次优化配置不仅要追求长期投资收益目标，而且还要实现和兼顾一些其他目标，这就客观上需要我们对其进行多层次、多目标的优化配置。为此，本书选择基于 CRRA 效用函数的期末财富效用最大化目标模型和 VaR 最小化目标模型，并将两者有机结合，构建了基于多目标的超额外汇储备资产多层次优化配置模型，并认为在资产优化过程中应综合权衡多种目标和因素，才能实现多目标体系下我国超额外汇储备资产的优化配置目标。

鉴于目前求解最优资产权重方法的种种缺陷，本书尝试性地引入基于多目标优化的 NSGA－Ⅱ遗传算法，并结合实际数据，运用 Matlab 软件对超额外汇储备资产的多目标优化模型进行求解，得到了超额外汇储备资产组合的 Pareto 最优解集及最优资产权重。结果表明，在超额外汇储备资产优化配置中，债权资产、对外直接投资、股权投资和另类投资分别为 22.32%、24.51%、37.38%和 15.79%。可见，配置结果完全符合超额外汇储备资产多层次、多目标优化配置的要求。因此，在对超额外汇储备资产进行优化配置时，不仅要体现超额外汇储备资产管理应遵循的目标、原则和策略，而且要充分反映超额外汇储备资产配置中应追求长期性、战略性及高回报的特性，在强调超额外汇储备资产投资多元化、分散化和降低投资风险的同时，实现国家的经济利益和战略利益最大化。

通过引入近五年的超额外汇储备规模数据，结合已经测算出的最优资产组合权重，计算出与各类资产权重相对应的具体投资数量，从而得到了历年的投资组合。计算结果表明：当前(2011)我国的超额外汇储备资产中，应分别持有债权资产 4 323.18 亿美元、对外直接投资 4 747.37 亿美元、股权资产 7 240.17 亿美元和另类投资 3 058.38 亿美元。可见，本书不仅求解出超额储备资产组合中各类资产的权重，实现了资产结构优化，还结合实际数据计算出具体的投资组合规模，实现了超额外汇储备资产的优化配置，也使研究结果更具有实际意义和可操作性，从而为外汇储备资产的投资管理部门提供较为可靠的参考依据。

第7章

结论及政策建议

7.1 结　　论

（1）外汇储备的管理是一种多层次、系统性的管理

对外汇储备进行多层次和系统性的管理是贯穿全文的核心思想，这主要体现在外汇储备规模的多层次决定、多层次管理目标、原则和策略、币种结构的多层次需求及资产结构的多层次优化四个方面。首先，从外汇储备规模的多层次决定看，本书将一国对外汇储备的需求视为其对外国金融资产的需求，并引入马斯洛的需求层次理论，将这种需求划分为基本交易需求、安全稳定需求、信用保证需求及投资盈利需求四个层次，以此作为外汇储备最优规模的决定因素，并在此基础上构建基于多层次需求的外汇储备最优规模决定理论模型，进而测度出最优规模、理论规模和超额规模等不同层次的外汇储备规模；其次，从多层次的目标、原则和策略看，本书根据外汇储备的功能、特征，在提出外汇储备管理总体目标、原则和策略的基础上，进一步细化了适度和超额外汇储备资产管理的具体目标、原则和策略，从而形成外汇储备管理的多层次目标、原则和策略体系；再次，从外汇储备币种结构的多层次来看，本书同样将影响外

汇储备币种需求的决定因素划分为货币地位、支付结构、金融安全和汇率安排四个不同的层次，并采用层次分析法（AHP）建模和求解最优的币种权重；最后，从外汇储备资产多层次优化配置来看，本书将外汇储备资产划分为适度规模和超额规模两个层次，并根据各自的管理目标、原则和资产配置策略，进行多层次优化配置，将适度外汇储备资产配置于期限短、安全性高、流动性强的货币性资产组合中，而将超额外汇储备资产配置于期限长、收益高和兼顾国家发展战略的资本性资产组合中。实现对我国外汇储备资产的多层次、系统性管理。

(2) 确定最优规模是外汇储备管理的前提和基础

本书尝试性地将马斯洛的需求层次理论引入外汇储备需求的分析，并构建了基于多层次替代效应的外汇储备分析框架，进而模拟出我国的最优外汇储备规模和适度区间。研究结果表明：① 基本交易需求、安全稳定需求、信用保证需求及投资盈利需求四个外汇储备需求层次之间存在着明显的替代效应。理论分析发现，已有的研究将各种外汇储备需求进行简单加总就得到最优外汇储备规模的测度方法由于忽视了外汇储备需求层次之间的替代效应而“高估”了外汇储备的最优规模，而本书认为，在动态替代效应下，我国的外汇储备规模主要由各层次外汇储备规模中对外汇储备需求最大的层次决定。② 对我国最优外汇储备规模和适度区间的模拟结果发现，1994 年以来，我国外汇储备的需求结构发生了明显变化，外汇储备需求主要由安全稳定需求和信用保证需求决定，这不仅说明在当前金融危机频发的背景下，我国外汇储备在应对金融危机，防范金融风险，保障金融安全稳定等方面正发挥着日益重要的作用，而且如何发挥我国外汇储备的信用保证功能将逐步成为我国外汇储备管理的核心。③ 对外汇储备最优规模的模拟结果表明，在各层次外汇储备之间存在动态替代效应的情况下，当前我国的最优外汇储备规模为 12 000 多亿美元，而超额规模则为 19 000 多亿美元。

（3）多层次的管理目标、原则和策略体系是外汇储备管理的指导方针

在对外汇储备适度规模和超额规模的功能和特征进行比较的基础上，通过深入分析外汇储备的多层次需求及功能演变特征，提出外汇储备多层次优化配置的总体目标和指导原则，并在总体目标和原则的指导下，进一步制订适度规模和超额规模的具体管理目标和相应的管理原则。同时，根据外汇储备的总体管理目标和原则制订外汇储备资产多层次优化配置的总体策略，再根据各层次储备资产的具体投资管理目标和原则分别制订相应的资产优化配置策略，从而形成外汇储备资产优化配置的策略体系。并认为外汇储备管理的目标、原则和策略之间，以及各种目标之间、原则之间、策略之间是一种相互联系、相互制约、相对独立和相辅相成的关系。它们之间的这些关系共同构成了一个多层次的、动态的、系统的外汇储备资产优化配置的目标、原则和策略体系，可为外汇储备资产的多层次优化配置提供指导。

（4）适度外汇储备资产的优化配置是币种结构和资产结构的有机结合

本书以适度外汇储备和超额外汇储备的划分为前提，将多层次、系统的管理思想引入到外汇储备资产优化配置中。通过构建基于多层次需求的适度外汇储备币种结构优化的 AHP 模型，测算出适度外汇储备的最优币种权重。同时，在币种结构确定的基础上，运用改进的 AHP 模型，构建了以币种结构为准则层，资产种类为方案层的资产结构优化不完全层次结构模型，并求解出适度外汇储备的最优资产权重，从而实现了币种结构和资产结构优化的有机结合。同时，根据已经测度出的适度外汇储备规模历年数据，计算出近五年最优币种结构下的具体资产规模，及最优资产结构下各币种的具体持有数量，实现了真正意义上的适度外汇储备资产优化配置。币种结构优化结果表明：当前我国适度外汇储备的最优币种组合为：美元 65.22%、欧元 20.17%、日元 10.22%、

英镑 4.39%。其中,值得注意的是,美元占比高达 65.22%,超过其他三种货币比重之和,但由于美元不仅是我国对外经贸交往中使用最多的货币,同时也是相对安全的货币,并认为美元在币种权重中的领导地位短时间之内还难以撼动。资产结构优化结果表明:适度外汇储备的资产权重分别为:货币性存款 33.02%、短期国债 26.28%、短期政府机构债 16.56%、货币市场基金 24.14%。并认为,在适度外汇储备资产的优化配置中,应该重点考虑适度外汇储备所要执行的功能,并体现其资产的流动性及安全性,从而货币性存款、短期国债和货币市场基金应是适度外汇储备资产的主要持有形式。

(5) 超额外汇储备资产的优化配置是一个追求财富效用最大化的过程

在中国持有巨额外汇储备并存在大量超额规模的情况下,对超额外汇储备资产应该实行更加积极的投资管理模式,进行“长期性、战略性和高回报”的全球分散化组合投资,以实现国民财富的效用最大化或长期收益最大化。通过构建基于 CRRA 效用函数的期末财富期望效用最大化和 VaR 最小化的我国超额外汇储备资产优化配置模型。同时,尝试性地引入多目标优化的 NSGA-Ⅱ遗传算法,结合多国金融市场的实际数据计算和设定目标模型的相关参数,并运用 Matlab 软件对目标模型进行求解,从而得到超额外汇储备资产组合的 Pareto 最优解集,进一步求出最优的资产组合权重,它们分别是债权资产 22.32%、对外直接投资 24.51%、股权资产 37.38%和另类投资 15.79%。然后,将最优资产权重和本书已经测度出的我国近五年超额外汇储备规模数据相结合,计算出最优资产组合下的具体投资数量,得到历年我国超额外汇储备的最优投资组合。并认为我国超额外汇储备应该减少债权资产权重,增加海外股权投资,通过支持国内企业对外直接投资,促进我国经济结构调整和产业升级。

7.2　政策建议

(1) 对外汇储备实行多层次、动态性及系统性的管理

外汇储备的管理是一个多层次、系统性的管理过程，它不仅包括适度规模和超额规模的规模管理，而且包括币种结构和资产结构的结构优化管理，还包括多层次的风险管理体系。并且在规模管理中又可将其划分为基本交易需求、安全稳定需求、信用保证需求及投资盈利需求四个层次，在对币种结构管理时也可将其主要影响因素划分为货币地位、支付结构、金融安全和汇率安排，在资产结构优化时还可将其划分为适度外汇储备资产和超额外汇储备资产，从而形成适度资产下的货币性资产投资组合和超额资产下的资本性资产投资组合。同时规模管理、结构管理及风险管理之间是一个密不可分、动态相关、相辅相成的整体，因此，在对外汇储备管理时不仅要对相应的层次进行管理，而且也要充分重视各层次之间的动态关系，做到单一层次管理与整体的有机结合，从而实现外汇储备的系统管理。

(2) 科学合理地确定外汇储备最优规模

合理确定外汇储备的最优规模和超额规模，是对外汇储备进行币种结构和资产结构优化，进而进行多层次管理的前提和基础。而长期以来，如何确定一国最优的外汇储备规模，虽然有很多相关的研究成果，但至今尚未达成共识，也没有完全适合我国外汇储备规模测度的理论和方法，并且这些理论和方法也并非一成不变的，在不同国家或同一国家不同的发展阶段都应根据外汇储备的功能演变特征和当前的内外环境选择不同的测度方法。因此，我们在选择外汇储备最优规模测度的理论和方法时，应充分考虑外汇储备在我国经济发展中的特殊作用，以及当前

面临的国内外经济环境，选择或构建适应我国国情的理论和方法，从而科学合理地测度最优规模，并在此基础上推算出超额外汇储备规模。

(3) 实行稳健管理和积极管理相结合的资产优化配置策略

本书认为在对外汇储备资产进行优化配置时，应实行稳健管理和积极管理有机结合的外汇储备资产配置策略。两种投资管理策略相结合，既打破传统外汇储备以稳健管理、币种结构管理的保守模式，又不过度追求单纯的积极管理模式。在外汇储备资产优化配置过程中应对不同层次的规模制订不同策略，即对适度规模实行稳健管理的配置策略和对超额规模实行积极管理的投资策略，并将两者有机结合、币种结构选择和资产结构优化各有侧重的新型投资管理模式。因此，在适度外汇储备的币种管理中，既不提倡储备货币的过分多元化，也不主张大幅降低美元资产的比例；在适度外汇储备的资产优化配置中，也不宜将资产盲目多样化，而是要充分考虑适度储备资产的功能和特性，选择流动性强、安全性高的金融资产。而在超额外汇储备资产的优化配置中，应采取积极的投资管理策略，将其配置到具有长期性、高回报的金融资产，或具有战略性投资价值的直接投资和另类资产中，从而实现超额外汇储备的增值目标和国家利益的最大化。

(4) 重视外汇储备资产的安全性、流动性和营利性的协调管理

同其他金融资产的管理一样，外汇储备资产也应坚持安全性、流动性和营利性的方针，但由于三者之间是一个矛盾的统一体，因此也应对它们进行协调。在外汇储备多层次管理的体系下，三者之间的协调可通过对适度和超额外汇储备的协调管理来达到。一方面，由于适度外汇储备的主要功能是用于满足一国最基本的交易需求，这就决定了适度储备资产应尽量持有期限短、流动性强的货币性金融资产，而这类资产的安全性也相对较高，因此通过对适度外汇储备的优化配置就可实现外汇储备资产的安全性和流动性。另一方面，由于超额外汇储备是一国外汇储

备的盈余部分，其管理目标是实现长期收益的最大化，这就决定了超额外汇储备资产要投资一些期限长、收益高和兼顾国家发展战略的金融资产或其他资产，因此，通过对超额外汇储备资产的投资管理就可能实现营利性。可见，对适度和超额外汇储备资产的多层次优化配置就能体现出外汇储备的安全性、流动性和营利性的协调管理。

(5) 完善多层次外汇储备管理体制

完善的外汇储备管理体制是外汇储备管理目标能否实现的重要保证，由于我国相关方面的法规和制度尚不完善，从而导致管理效率不高。因此在外汇储备管理中要建立健全公司治理结构、内部控制机制及风险管理体系。在风险管理体系方面，根据外汇储备资产的特殊性和管理原则，并依据主权财富基金的国家治理理论、制度设计和治理结构理论构建外汇储备风险管理体系。如建立多层次的法规制度、采取多层次的管理模式、建立多层次的经营操作机构及搭建多层次的投资服务平台等。

此外，由于外汇储备资产具有国家资产、主权资产的特殊性，它是一国的国民财富，因此，在对外汇储备进行多层次管理时，应充分发挥外汇储备维护金融安全和实现国家利益的特殊作用。

7.3 研究的不足及展望

7.3.1 研究的不足

虽然本书在外汇储备规模管理、币种结构管理及资产优化配置方面的研究中取得了一定突破，但也存在一些不足：

(1) 虽然本书提出了外汇储备多层次替代的理论模型，但由于计算各层次规模替代程度的难度较大，很难找到较为有效的方法，因而在测度外汇储备规模时部分指标的选择带有一定的主观性。此外，以外汇储备的动态替代规模作为外汇储备的最优规模虽然是一种理想化的模型，并且为外汇储备的管理提供了一种简单明了的思路，但在现实中由于没能充分考虑到在特殊情况下的外汇储备需求，因而模型的使用可能会受到一定的限制。

(2) 虽然本书对外汇储备资产优化配置方面取得了一些突破，并在一定程度上弥补了已有研究中大多只停留在货币结构层面上的缺陷，但限于数据的可得性，个别指标的数据只能用相近指标的数据代替。

(3) 虽然对超额外汇储备资产进行多层次优化配置中，建立了相应的双目标优化配置模型和求解出资产组合的权重，并结合已经测算出的超额规模数据计算得到各类资产的投资数量，但没有对各类资产作进一步地配置。

7.3.2 研究展望

由于外汇储备的管理是一项复杂的系统工程，外汇储备管理涉及的内容也非常广阔和深邃，本书的研究只是冰山一角，并且研究也不够深入，特别是在国际金融危机不断深入和欧洲债务危机愈演愈烈，以及我国外汇储备面临不断缩水风险的背景下，又给我国外汇储备管理叠加了新的风险，提出了新的问题，并面临新的挑战，从而加大了外汇储备管理的难度。因此，在今后的外汇储备管理和研究中，还有许多重要的问题尚待解决和深入研究，这主要体现在以下几个方面：

(1) 由于近年来世界性金融危机发生的频率越来越高及传染性逐步增强，外汇储备的最主要功能已经从单纯满足一国对外交易的需求转向满足防范金融风险的需求。因此，对外汇储备最优规模测度的研究也应从以下两个方面展开：一是以预防性审慎动机为视角测度一国外汇储备的最优规模；二是以一国外汇储备的持有成本为视角，通过测度一国的外汇储备耗竭成本和机会成本来确定一国的外汇储备最优规模。

（2）在外汇储备的管理中，分层次管理将是一个主流方向，同时应充分发挥外汇储备防范和化解金融风险的特殊作用，在资产优化配置时注重维护本国的金融安全和国家利益，这也将是今后研究中关注的重要问题。

（3）在我国持有巨额外汇储备并面临较大风险的背景下，如何测度外汇储备的持有风险，并寻求外汇储备风险的对冲机制，对外汇储备资产进行多层次管理的同时，进一步探寻各层次外汇储备规模之间、各持有币种之间、各类持有资产之间、规模与币种之间、币种结构与资产结构之间的动态相关性，从而进一步对外汇储备进行系统管理和科学管理。

（4）如何将外汇储备资产转化为主权财富基金，是将全部超额外汇储备都转化为主权财富基金，还是只将部分转化，如何确定这个规模？主权财富基金的类型是单一的还是多样化的？应该设立什么类型的基金？这些基金怎样运作？由谁来管理？这些都是悬而未决的问题。

（5）在风险管理体系方面，如何根据外汇储备资产的特殊性和管理原则，并依据主权财富基金的国家治理理论、制度设计和治理结构理论构建外汇储备风险管理体系。如建立多层次的法规制度、采取多层次的管理模式、建立多层次的经营操作机构及搭建多层次的投资服务平台等也是今后研究的重要方向。

参考文献

[1] 巴曙松,朱元倩. 基于可加模型的外汇储备影响因素的实证分析[J]. 金融研究,2007(11):1-12.

[2] 陈建国,谭戈. 国际储备结构的决定:均值-方差方法[J]. 广东金融,1999(8):15-17.

[3] 陈静,李磊,倪明放. 基于几何布朗运动的投资组合模型[J]. 数学的实践与认识,2008(17):24-28.

[4] 陈伟忠,罗素梅. 论外汇储备资产优化配置的目标和原则[J]. 现代经济探讨,2012,(9):39-43.

[5] 陈伟忠. 投资组合与投资基金管理[M]. 北京:中国金融出版社,2004.

[6] 陈小新,陈伟忠. 全球市场环境下的金融投资[M]. 北京:中国金融出版社,2008.

[7] 陈小新,陈伟忠. 市场与行业因素对国际资产配置绩效的影响分析[J]. 财贸经济,2007(2):93-97.

[8] 陈学彬,李世刚,芦东. 中国出口汇率传递率和盯市能力的实证研究[J]. 经济研究,2007(12):106-117.

[9] 陈亚峰. 我国外汇储备的投资策略研究[J]. 知识经济,2010(23):28-29.

[10] 陈湛匀. 人民币升值压力下的外汇储备适度规模研究[J]. 管理世界,2006(5):142-143.

[11] 丁剑平,吴文,陈露. 从价值尺度的历史视角看货币国际化的机遇[J]. 国际金融研究,2012(9): 11－22.

[12] 丁剑平,杨飞. 人民币汇率参照货币篮子与东亚货币联动的研究[J]. 国际金融研究,2007(7): 36－42.

[13] 冯科. 我国外汇储备问题研究[J]. 南方金融,2007(11): 31－33.

[14] 高媛. 非支配遗传算法(NSGA)的应用与研究[D]. 杭州: 浙江大学,2006.

[15] 韩立岩,魏晓云,尤苗. 外部冲击下外汇储备与主权财富基金的最优配置[J]. 系统工程理论与实践,2012(3): 664－672.

[16] 何帆,陈平. 外汇储备的积极管理: 新加坡、挪威的经验与启示[J]. 国际金融研究,2006(6): 4－13.

[17] 黄金,周锐. 我国高额外汇储备的汇率风险与防范措施[J]. 财金界,2007(5): 104－105.

[18] 姜波克. 西方国际储备需求理论和方法评价[J]. 金融研究,1984(2): 49－53.

[19] 金德环,汪宇明. 中国 A 股市场过度波动之谜——基于日个股回报率的实证研究[J]. 投资研究,2012(4): 17－27.

[20] 金雪军,刘春杰. 对我国外汇储备适度规模模型的探讨[J]. 数量经济技术经济研究,2000(11): 29－31.

[21] 孔立平. 次贷危机后中国外汇储备资产的风险及优化配置[J]. 国际金融研究,2009(8): 77－84.

[22] 孔立平. 全球金融危机下中国外汇储备币种构成的选择[J]. 国际金融研究,2010(3): 64－72.

[23] 李超,周诚君. 中国流动性过多与外汇储备累积[J]. 金融研究,2008(12): 37－46.

[24] 李春好,孙永河,贾艳辉,等. 变权层次分析法[J]. 系统工程理论与实践,2010,Vol. 30(3): 723－731.

[25] 李巍,张志超. 一个基于金融稳定的外汇储备分析框架——兼论中国外汇储备的适度规模[J]. 经济研究,2009(8): 27－36.

[26] 李卫兵,杨鹏程. 中国外汇储备利率风险的测度[J]. 统计研究,2012(5),84－

87.
[27] 李扬等. 经济全球化背景下的中国外汇储备管理体制改革[J]. 国际金融研究,2007(4): 4-12.
[28] 李仲飞,梅琳. CRRA、LA 和 DA 三种效用模型的比较分析——资产配置理论的进化和发展[J]. 管理评论,2004(11): 10-15.
[29] 林焰,郝聚民,纪卓尚. 基于模糊优选的多目标优化遗传算法[J]. 系统工程理论与实践,1999(12): 31-37.
[30] 刘红忠,周赟. 基于产出冲击的国际储备需求的跨期均衡分析——真实经济的视角[J]. 财经研究,2008,(8): 17-28.
[31] 刘红忠,周赟. 基于跨期均衡模型的国际储备需求分析和数值模拟[J]. 复旦学报(社会科学版),2008,(5): 1-9.
[32] 刘晶,董巍. 中国外汇储备投资组合的优化配置——基于欧美国债数据的实证研究[J]. 亚太经济,2012(3): 105-109.
[33] 刘澜飚,张靖佳. 中国外汇储备投资组合选择——基于外汇储备循环路径的内生性分析[J]. 经济研究,2012(4): 137-148.
[34] 刘莉亚,任若恩. 我国外汇储备适度规模的测算与分析[J]. 财贸经济,2004(5): 61-68.
[35] 卢孔标. 超额外汇储备与储备资产投资管理策略的转变——国际趋势及其对中国的启示[J]. 上海金融学院学报,2008(5): 52-60.
[36] 罗素梅,陈伟忠. 中国外汇储备的多层次动态优化配置策略[J]. 上海金融,2012,(12): 44-47.
[37] 罗素梅,周光友. 外汇储备适度规模度量模型研究: 基于功能演变的视角[J]. 中央财经大学学报,2011(7): 39-43.
[38] 罗素梅,周光友. 金融开放与国家金融安全: 争论及启示[J]. 金融教育研究,2011,(3): 16-21.
[39] 罗素梅,周光友. 外汇储备适度规模研究述评及新进展[J]. 上海金融,2011,(8): 33-37.
[40] 罗素梅,周光友. 外汇储备最优规模测度理论述评及新进展[J]. 财经科学,

2011,(5):34－40.
[41] 罗素梅.外汇储备最优规模测度模型的比较研究[J].统计与决策,2011,(20):132－134.
[42] 马杰,任若恩,沈沛龙.外汇储备结构调整的非线性规划数学模型[J].信息与控制,2001,30(4):353－355.
[43] 马俊.中国外汇储备分散化不宜冒进[J].海内与海外,2011(12):28－29.
[44] 马之骃,刘红忠.再论我国外汇储备的适度规模[J].国际金融研究,1996,(3):40－42.
[45] 马之骃.发展中国家国际储备需求研究[M].上海:华东师范大学出版社,1994.
[46] 梅松,李杰.超额外汇储备的宏观风险对冲机制[J].世界经济,2008(6):27－38.
[47] 曲良波,宋清华.中国外汇储备资产的币种结构、收益和风险分析[J].统计与决策,2012(1):153－157.
[48] 曲强.外汇储备增长、货币冲销的有效性及对物价波动的动态影响[J].金融研究,2009(5):47－60.
[49] 盛柳刚,赵洪岩.外汇储备收益率、币种结构和热钱[J].经济学(季刊),2007(4):1255－1276.
[50] 史祥鸿.基于现行汇率制度的外汇储备规模研究[J].国际金融研究,2008(7):75－80.
[51] 宋铁波,陈建国.当前我国外汇储备币种组合分析[J].南方金融,2001(4):11－13.
[52] 谭跃,王佳讯.我国外汇储备适度规模的因素模型新论[J].管理世界,1999(5):195－198.
[53] 滕昕.中国外汇储备的适度性研究[D].西安:西北大学,2007.
[54] 王红夏.中国外汇储备适度规模与结构研究[D].北京:对外经济贸易大学,2003.
[55] 王茜,武伟伟.幂效用函数的最优投资组合研究[J].数学理论与应用,2010(4),42－44.
[56] 王群琳.中国外汇储备适度规模实证分析[J].国际金融研究,2008(9):73－79.
[57] 王元龙.我国外汇储备合理规模的政策选择[J].财贸经济,2003(7):37－44.

[58] 闻岳春,徐晓雯. 中国主权财富基金进一步发展的策略研究[J]. 同济大学学报(社会科学版),2011(1): 105 - 110.

[59] 吴念鲁,贾彦龙. 以新思维审视中国外汇储备风险[J]. 广东金融学院学报,2010(1): 18 - 26.

[60] 武剑. 我国外汇储备规模的分析与界定[J]. 经济研究,1998(6): 20 - 29.

[61] 谢平,陈超. 论主权财富基金的理论逻辑[J]. 经济研究,2009(2): 4 - 17.

[62] 谢涛,陈火旺. 多目标优化与决策问题的演化算法[J]. 中国工程科学,2002,4(2): 59 - 68.

[63] 谢瑶. 时间不可分效用函数下的最优资产配置研究[J]. 统计与决策,2011(8): 25 - 28.

[64] 熊琼,张志超,付含. 外国直接投资对中国外汇储备的影响: 基于协整方法的时间序列分析[J]. 世界经济,2009(12): 87 - 91.

[65] 杨朝军,陈浩武,杨玮沁. 长期投资者收益可预测条件下战略资产配置决策: 理论与中国实证[J]. 中国管理科学,Vol. 20(3): 63 - 69.

[66] 杨大楷. 优化投资结构,提高投资效率[N]. 文汇报,2006 - 4 - 3(10).

[67] 杨胜刚,龙张红. 基于模糊决策理论的中国外汇储备币种结构研究[J]. 财经理论与实践,2009(5): 8 - 13.

[68] 叶耀明,戚列静. 利用外国直接投资与提升我国外贸竞争力[J]. 上海经济研究,2002(3): 37 - 42.

[69] 易江,李楚霖. 外汇储备最优组合的方法[J]. 预测,1997(2): 57 - 60.

[70] 张斌,王勋. 中国外汇储备名义收益率与真实收益率变动的影响因素分析[J]. 中国社会科学,2012(1): 62 - 75.

[71] 张斌等. 中国外汇储备的名义收益率和真实收益率[J]. 经济研究,2010(10): 115 - 128.

[72] 张海亮,邹平,姚文杰. 基于产业需求的外汇储备战略投资[J]. 软科学,2010(6): 31 - 35.

[73] 张世贤,徐雪. 我国主权财富基金的投资方向选择问题——基于国家利益原则的战略视角[J]. 中国工业经济,2009(7): 76 - 86.

[74] 张燕生,张岸元,姚淑梅. 现阶段外汇储备的转化与投资策略研究[J]. 世界经济,

2007(7)：3－11.

[75] 张燕生等. 现阶段外汇储备的转化与投资策略研究[J]. 世界经济，2007(7)：3－11.

[76] 张宇燕. 国际政治经济学[M]. 上海：上海人民出版社，2008.

[77] 张志超. 最优国际储备理论与测度：文献述评(上)[J]. 华东师范大学学报，2009(2)：94－104.

[78] 张志超. 最优国际储备理论与测度：文献述评(下)[J]. 华东师范大学学报，2009(3)：72－82.

[79] 赵睿，赵陵. VaR 方法与资产组合分析[J]. 数量经济技术经济研究，2002(11)：44－47.

[80] 周光友，罗素梅. 外汇储备最优规模的动态决定——基于多层次替代效应的分析框架[J]. 金融研究，2011(5)：29－41.

[81] 朱孟楠，陈晞. 次贷危机下的中国外汇储备：风险、原因及管理策略[J]. 福建金融，2009(9)：14－17.

[82] 朱淑珍. 中国外汇储备的投资组合风险与收益分析[J]. 上海金融，2002(7)：26－28.

[83] 邹宏元，袁继国，罗然. 最优外汇储备币种结构选择研究[J]. 管理世界，2010(6)：169－170.

[84] 邹全胜. 国际货币兑换模型与中国外汇储备结构[J]. 国际贸易问题，2005(10)：112－116.

[85] 邹燕，郭菊娥. 对期望理论的两个重要推进——损失厌恶系数 λ 及参考点研究[J]. 运筹与管理，2007(5)：87－89.

[86] Agarwal J P, Optimal monetary reserves for developing countries [J]. Review of World Economics, 1971,(107): 76－91.

[87] Aizenman J, Glick R. Sovereign wealth funds: stylized facts about their determinants and governance [J]. International Finance, 2009, 12(3): 351－386.

[88] Aizenman J. International reserves: precautionary versus mercantilist views, theory and evidence [J]. Open Economies Review, 2007, 18(2): 191－214.

[89] Aizenman J, Reuven G. Asset class diversification and delegation of responsibilities between central banks and sovereign wealth funds [J]. NBER Working Paper, 2010: 6392.

[90] Barnichon R. International reserves and self-insurance against external shocks [J]. IMF Working Paper, 2008, No. 149.

[91] Ben B, Avraham and Daniel G. Optimal International Reserves and Sovereign Risk [J]. Journal of International Economics, 1992, 33: 345 -362.

[92] Bortolotti, et al. Sovereign Wealth Fund Investment Patterns and Performance [J]. FEEM Working Paper, 2009, No. 22.

[93] Caballero R, Stavros P. A Global Equilibrium Model of Sudden Stops and External Liquidity Management [J]. Department of Economics, MIT, Working Paper, 2008, No. 5.

[94] Caballero R J, Emmanuel F, Pierre-Olivier G. An Equilibrium Model of "Global Imbalances" and Low Interest Rates [J]. American Economic Review, 2008, 98(1): 358 - 393.

[95] Calvo G. Capital Flows and Macroeconomic Management: Tequila lessons [J]. International Journal of Finance and Economics, 1996, 1(3): 207 - 223.

[96] Campbell J Y, Viceira L M. Strategic Asset Allocation: Portfolio Choice for Long-Term Investors [M]. Oxford: Oxford University Press, 2002.

[97] Campbell John Y, Luis M V. Who Should Buy Long-Term Bonds [J]. American Economic Review, 2001, 91: 99 - 127.

[98] Campbell J Y, Yeung L C, Luis M V. A Multivariate Model of Strategic Asset Allocation [J]. Journal of Financial Economics, 2003, 67: 41 - 80.

[99] Cardon C, Coche P. Risk Management for Central Bank Foreign Reserves [J]. European Central Bank, 2004,4.

[100] Choice in Life Cycle Model [J]. Journal of Economic Dynamics and Control, 1992,16: 427 - 429.

[101] Christopher B. A Portfolio Analysis of Sovereign Wealth Funds [D]. University of California, 2008.

[102] Clark G L, Monk, Ashby H B. Sovereign Wealth Funds, Finance, Governance, Asset Management [J]. Oxford University Working Paper Series, 2009, 29.

[103] Clay L. Sovereign Wealth Funds and the International Financial System, Remarks at the Federal Reserve Bank of San Francisco's Conference on the Asian Financial Crisis Revisited, US Treasury, June 21, 2007.

[104] Cushman D O. A Portfolio Balance Approach to the Canadian-U. S. Exchange Rate [J]. Review of Financial Economics, 2007, 16(3): 305 -320.

[105] Deb K, Agrawal S, Pratap A, et al. A Fast Elitist Nondominated Sorting Genetic Algorithm for Multi-objective Optimization: NSGA - Ⅱ [C]. Proc of the Parallel Problem Solving from Nature, V1 Conf, Paris, 2000, 849 -858.

[106] Dellas H, Bang Y, Chin. Reserve Currency Preferences of Central Banks: the Case of Korea [J]. Journal of International Money and Finance, 1991, Vol (10): 406 - 419.

[107] Dooley M, Lizondo J S, Mathieson D. The Currency Composition of Foreign Exchange Reserves [J]. IMF Staff Papers, 1989, Vol. 36(2): 385 - 434.

[108] Durdu C, Mendoza E, Marco E. Precautionary Demand for Foreign Assets in Sudden Stop Economies: An Assessment of the New Mercantilism [J]. IMF Working Paper, 2007, 146.

[109] Durdu, Ceyhun Bora, Mendoza, Enrique, Marco Terrones, Precautionary Demand for Foreign Assets in Sudden Stop Economies: an Assessment of the New Mercantilism [J]. NBER Working Paper, 2007, 13123.

[110] Eelias P, Gregorios S. Optimal Currency Shares in International Reserves: The impact of the Euro [J]. NBER Working Paper, 2006,12333(5): 1 - 55.

[111] Eichengreen B, Mathieson D J. The Currency Composition of Foreign Exchange Reserves: Retrospect and Prospect [J]. IMF Working Paper, 2000, 131.

[112] Eichengreen B. The Euro as a Reserve Currency [J]. Journal of the Japanese and International Economies, 1998, Vol. 12: 483 - 506.

[113] Frenkel J A. Reserves by Develop and Less Developed Countries [J].

Economica, 1973, 41: 14 - 24.

[114] Frenkel J, Jovanovic B. Optimal International Reserves: A Stochastic Framework [J]. The Economic Journal, 1981, 91: 507 - 514.

[115] Gomes F, Joao C, Pascal M. Consumption and Portfolio Choice Over the Life-cycle [J]. Review of Financial Studies, 2005,18: 491 - 533.

[116] Heller H R, Knight M. Reserve Currency Preferences of Central Banks [J]. Essays in International Finance, 1978, 131 (10): 1 - 23.

[117] Hatase M, Ohnuki M. Did the Structure of Trade and Foreign Debt Affect Reserve Currency Composition? Evidence from Interwar Japan [J]. European Review of Economic History, 2009, 13(3): 319 - 347.

[118] Heller H R. Wealth and International Reserves [J]. Review of Economics and Statistics, 1970, 52: 212 - 214.

[119] Heller R H. Optimal International Reserves [J]. Economic Journal, 1966, 76: 296 - 311.

[120] Jeanne O, Ranciere R. The Optimal Level of International Reserves for Emerging Market Countries: A New Formula and Some Applications [J]. CEPR Discussion Paper, 2009, 6723.

[121] Jeanne O. International Reserves in Emerging Market Countries: Too Much of a Good Thing? [J]. Brookings Papers on Economic Activity, 2007,38: 1 - 80.

[122] Jeanne O, Ranciere R. The Optimal Level of International Reserves for Emerging Market Countries: A New Formula and Some Applications [J]. CEPR Discussion Paper, 2008, 6723.

[123] Jie Li, Huaxia Huang, Xiao Xiao. The Sovereign Property of Foreign Reserve Investment in China: A CVaR Approach [J]. Economic Modelling, 2012, 29: 1524 - 1536.

[124] Jing Yao, Zhong Feili, Kai W. NG, Model risk in Var Estimation: an Empirical Study [J]. International Journal of Information Technology & Decision Making, 2006,5(3): 503 - 512.

[125] Jing Yu et al. The Strategic Asset Allocation Optimization Model of Sovereign

Wealth Funds Based on Maximum CRRA Utility & Minimum VAR [J]. Procedia computer science, 2010,1: 2433 - 2440.

[126] Joshua Aizenman, Yothin Jinjarak, Donghyun Park. International Reserves and Swap lines: Substitutes or Complements? [J]. International Review of Economics and Finance, 2011,20: 5 - 18.

[127] Keynes J M. A Treatise on Money [J]. London: Macmillan Press, 1930, Vol. 1(2): 723 - 731.

[128] Knill A M, Lee B S, Mauck N. Bilateral Political Relations and the Impact of Sovereign Wealth Fund Investment [J]. Journal of Corporate Finance, 2011, 18 (1): 108 - 123.

[129] Kubelec C, SA F. The Geographical Composition of National External Balance Sheets: 1980 - 2005 [J]. Bank of England, Working paper, 2010, 384.

[130] Alfaro L, Kanczuk F. Optimal Reserve Management and Sovereign Debt [J]. Journal of International Economics, 2009, 77(1): 23 - 36.

[131] Lowery C. The Role of Sovereign Wealth Funds in the Global Economy [J]. Remarks at Barclays Capital's 12th Annual Global Inflation-Linked Conference, February 25, 2008.

[132] Markowitz H M. Portfolio Selection [J]. Journal of Finance, 1952, 7: 77 - 91.

[133] Guidolin M, Hyde S. Simple VARs Cannot Approximate Markov Switching asset Allocation Decisions: An out-of-sample Assessment [J]. Computational Statistics and Data Analysis, 2012, 56(11): 3546 - 3566.

[134] McCauley R, Jiang G. Treasury Yields and Foreign Official Holdings of US Bonds [J]. Box in BIS Quarterly Review, 2004, 3: 11 - 12.

[135] McKinsey. Sovereign Wealth Funds [J]. Global Institute, 2007,10.

[136] Mendoza E G, Vincenzo Q, Jose-Victor R R. Financial Integration, Financial Development and Global Imbalances [J]. Journal of Political Economy, 2009, 117(3): 371 - 416.

[137] Monk A H B. Sovereignty in the Ara of Global Capitalism: the Rise of Sovereign Wealth Funds and the Power of Finance [J]. Environment and

Planning A, 2011, 43(8): 1813 - 1832.

[138] Books N. China's New Sovereign Wealth Fund: Implications for Global Asset Markets [J]. Henderson Global Investors, 2007,17.

[139] Sula O. Demand for International Reserves in Developing Nations: A quantile regression approach [J]. Journal of International Money and Finance, 2011, 30: 764 - 777.

[140] Roger S. The Management of Foreign Exchange Reserve [J]. BIS Economics papers: Bank for International Settlements, 1993,38.

[141] Beck R, Rahbari E. Optimal Reserve Composition in the Presence of Sudden Stops [J]. Journal of International Money and Finance, 2011,30: 1107 - 1127.

[142] Ronald U M. Was the Asian crisis a Wake-up call? Foreign Reserves as Self-protection [J]. Journal of Asian Economics, 2010,21: 1 - 19.

[143] Saaty T L. Decision Making with Dependence and Feedback: The Analytic Network Process [M]. Pittsburgh: RWS Publications, 1996.

[144] Seholl A, Manthey L, Helm R, et al. Solving Multiattribute Design Problems with Analytic Hierarchy Process and Conjointan Alysis: An Empirieal Comparison [J]. European Journal of Operational Research, 2005, 164(3): 760 - 777.

[145] Shiratsuka S. Size and Composition of the Central Bank Balance Sheet: Revisiting Japan's Experience of the Quantitative Easing Policy [J]. Federal Reserve Bank of Dallas, 2010,42.

[146] Srinivas N, Deb K. Multi-objective Function Optimization Using Non-dominated sorting genetic algorithms [J]. Evolutionary Computation, 1995, 2(3): 221 - 248.

[147] Stam A, Duarte Silva A P. On Multiplicative Priority Rating Methods for the AHP [J]. European Journal of Operational Research, 2003,145(1): 92 - 108.

[148] Jen S. SWFs' Impact on Financial Assets [J]. Morgan Stanley Research, 2008.

[149] Kem S. Sovereign Wealth Funds-State Investments Bank Research. On the Rise [J]. Deutsche Bank Research, 2007,10: 1 - 20.

[150] Jen S. How Big Could Sovereign Wealth Funds Be by 2015 [J]. Morgan Stanley Research Global, 2007.

[151] Triffin R. Gold and the Dollar Crisis [M]. New Haven, Connl: Yale University Press, 1960.

[152] Vesilind A, Kuus T. Application of Investment Models in Foreign Exchange Reserve Management in Eesti pank [J]. Eesti Pank Working Paper, 2005,6.

[153] Barbary V. Sovereign Wealth Fund Investment in 2010 [J]. Braving the New World, 2011.

[154] Wang Y M, Elhag T M S, An Approach to Avoiding Rank Reversal in AHP [J]. Decision Support System, 2006, 42(3): 1474-1480.

[155] Wu Yi. A Study on Foreign Reserve Management of China: Optimal Currency Shares in Reserve Assets [J]. International Management Review, 2007,3(4): 69-79.

后　记

时光荏苒,白驹过隙。转眼我的读博生涯即将结束,回想写作博士论文的日日夜夜,感受颇多,无论是毫无头绪时的茫然若失,还是下笔如有神时的欣喜若狂都历历在目。在论文完成之际,心中充满无限感激,要诚挚地感谢帮助过我的老师、同学、朋友和家人。

首先,感谢我的导师陈伟忠教授。三年前我有幸成为恩师名下的弟子,圆了我想进入同济读博这个多年的夙愿。陈老师渊博的学识和严谨的治学态度,国际化的视野和前沿的学术思想让我由衷敬佩。每当我有迷惑不解的难题请教于他时,他总是能从独特的角度进行剖析,让我顿时感悟,豁然开朗;每当我有新的想法和他讨论,他总能激发我创作的灵感,甚至有立刻下笔成文的冲动。正是有陈老师深厚的学术造诣和精心指导,我的博士论文才得以顺利完成。从论文选题到框架设计,从资料收集到模型构建,从初稿到定稿都无不凝聚着导师的智慧。同时,陈老师豪爽的性格和豁达的人生态度,让我深感在生活中乐观开朗的性格和良好心态的重要性。恩师的谆谆教诲和悉心关怀不但使我在读博期间受益匪浅,也必将成为我永恒的宝贵财富。

其次,要感谢叶耀明教授、石建勋教授和卢新生教授,在开题时他们给我的论文提出了非常中肯的意见和建议,使我对研究内容有了更深入地思考。感谢研究生教务科朱茂然老师、兀元波老师、赵红老师和其他老师，他们对我们博士生的培养付出了大量辛苦的工作。感谢研究生党总支陈迅老师、王昭东老师、王松涛老师和同济经管院所有老师的关心和帮助。感谢我的师兄詹欣、黄炎龙、王学超、吴磊磊、马放，师妹刘明明，在学习和生活中都得到了他们很多的关照。感谢我的同学赖小东、卢超、徐明、张冬梅，以及同济经管院 2010 级全体博士生，和你们同窗的快乐时光将给我留下美好的回忆。

再次，特别感谢我的丈夫周光友，多年来我们相濡以沫，为共同的梦想奋力拼搏。为了能让我脱产专心攻博，他承担起支撑整个家的责任。他对我的支持和理解、信任与包容，我都感受到了，并且内化成了自信和挑战困难的勇气。最难能可贵的是我们有共同的兴趣爱好，研究领域很相近，可以经常一起讨论，让略显枯燥的学术研究充满乐趣。感谢我的女儿周芮，她天真的笑容是我们奋斗的原动力。在我读博期间，她从一个可爱的小学生变成了漂亮的初中女生。她乖巧伶俐的模样和勤奋好学的精神，让我对待生活不敢有丝毫懈怠。

最后，还要特别感谢我的母亲，虽然她的爱很少溢于言表，但我却时时刻刻都能感受到母爱的存在，而且是催我奋进的无穷力量。感谢我的婆婆，曾经帮我辛苦的带小孩，她是我见过最善良的商人，有自己独特的人格魅力和处世之道，可以影响和感染身边的很多人。感谢远在彩云之南的其他亲人和朋友，我的成长离不开你们的支持与鼓励。

简而言之，你们的支持与帮助、鼓励和厚爱，成就了我的博士梦想！

罗素梅